大学创新创业教育与
科技型中小企业创新发展影响因素及协同演化研究

赵　超／著

中国矿业大学出版社
·徐州·

图书在版编目(CIP)数据

大学创新创业教育与科技型中小企业创新发展影响因素及协同演化研究 / 赵超著. —徐州：中国矿业大学出版社，2021.12

ISBN 978-7-5646-5066-7

Ⅰ.①大… Ⅱ.①赵… Ⅲ.①大学生—创造教育—研究②中小企业—企业创新—研究—中国 Ⅳ.①G640②F279.243

中国版本图书馆 CIP 数据核字(2021)第 129709 号

书　　名 大学创新创业教育与科技型中小企业创新发展影响因素及协同演化研究

著　　者 赵　超

责任编辑 姜　翠

出版发行 中国矿业大学出版社有限责任公司

(江苏省徐州市解放南路　邮编 221008)

营销热线 (0516)83884103　83885105

出版服务 (0516)83995789　83884920

网　　址 http://www.cumtp.com　**E-mail**:cumtpvip@cumtp.com

印　　刷 广东虎彩云印刷有限公司

开　　本 710 mm×1000 mm　1/16　**印张** 14　**字数** 230 千字

版次印次 2021 年 12 月第 1 版　2021 年 12 月第 1 次印刷

定　　价 68.00 元

前言

PREFACE

支持科技型中小企业创新发展是我国实施创新驱动战略的重要组成部分。开展创新创业教育是高等教育改革的内在要求，是教育服务经济社会发展的重要体现。自创新创业教育受到重视以来，关于教育体系的探讨方兴未艾。创新创业教育服务的重要群体是科技型中小企业。一方面，大学创新创业教育迫切需要研究并吸收企业创新发展的规律；另一方面，科技型中小企业的创新发展同样也急需大学创新创业教育提供支持。所以，分析科技型中小企业创新发展和大学创新创业教育之间的影响因素及其作用机理，无论是对科技型中小企业的发展还是对高等教育改革都具有极重要的现实意义。

本书遵循"问题提出—质化研究—量化研究—对策建议"的逻辑思路。本书首先阐述了大学创新创业教育和科技型中小企业创新发展的现状，分析了两者在发展过程中遇到的问题和现实需求；其次基于65份访谈资料，利用扎根理论系统研究了大学创新创业教育和科技型中小企业创新发展之间的影响因素；再次开发设计了研究量表，并通过对1 622名在校大学生、243位大学教师和265位科技型中小企业负责人的问卷调查进行了实证分析，对大学创新创业教育、科技型中小企业创新发展及其影响因素进行了描述性统计分析和群体间差异化分析，利用结构方程模型剖析了各影响因素之间的相关关系；然后基于博弈理论，构建仿真模型，模拟大学创新创业教育和科技型中小企业创新发展协同演化的动态影响效应；最后在上述所有研究的基础之上，提出了相关政策建议。

第一，系统研究了大学创新创业教育与科技型中小企业创新发展之间的影响因素。影响因素包括五个方面：① 人才因素主要包括创新创业指导教师要素和学生创新创业素养要素。创新创业指导教师要素是指科技型中小企业负责人主动到大学担任创新创业指导教师或大学邀请科技型中小企业负责人到校担任创新创业指导教师。学生创新创业素养要素是指大学培养出的毕业生是否适合科技型中小企业创新发展的需求或科技型中小企业对大学毕业生的人才需求。② 资本因素主要包括市场要素和资金要素。市场要素是指大学培养的学生是否具备了解市场需求的能力或科技型中小企业创新发展中对市场的把握程度。资金要素是指大学生在进行创新创业时所需的来自大学或科技型中小企业的资金支持情况。③ 技术信息因素主要包括科学技术要素与资源共享要素。科学技术要素是指大学可以为科技型中小企业创新发展提供必要的技术支撑或科技型中小企业创新发展需要大学科研团队提供技术指导。资源共享要素是指大学创新创业教育发展需要科技型中小企业等社会资源的支持或科技型中小企业创新发展需要大学的实验室、科研团队、前沿技术等资源作为支持。④ 知识因素主要包括专业知识要素和实践技能要素。专业知识要素是指大学对学生进行专业知识教育，使学生具备科技型中小企业所需的专业知识，或科技型中小企业创新发展需要大学的专业知识作为支撑。实践技能要素是指大学对学生的培养需要到科技型中小企业实践学习或进行校内创新创业项目实践，或科技型中小企业为学校提供实习实践基地等。⑤ 政策因素方面主要包括制度设计要素和机制完善要素。制度设计要素是指大学创新创业教育发展离不开整体的制度设计。机制完善要素是指大学创新创业教育需要营造好的校企合作文化氛围，搭建校企合作对接机制。这一部分的研究为后续研究提供了基础和前提。

第二，深入分析了各影响因素在大学创新创业教育与科技型中小企业创新发展之间的作用机理。首先，探讨了各变量间的关系结构，结果发现五类影响因素与大学创新创业教育、科技型中小企业创新发展均存在显著的相关关系。其次，分析了各影响因素在高校创新创业教育与科技型中小企业创新发展中的中介效应，结果发现创业指导教师、市场、科学技术、专业知识、制度设计、机制完善等6个要素均能帮助大学创新创业教育直接作用于科技型中小企业创新发展；而学生创新创业素养、资金、资源共享、实践技能等4个要素未能起到通过大学创新创业教育直接影响科技型中小企业创新发展的作用。最后，考虑各影响因素之间可能会相互影响，验证了部分影响因素的调节作用。研究结果表明，在创业指导教师要素的调节作用下，学生创新创业素养要素会对科技型中小企业创新发展产生影响；资金要素虽然不是大学创新创业教育和科技型中小企业创新发展的中介因素，但是其能对科学技术要素产生促进作用，帮助大学创新创业教育通过科学技术要素作用于科技型中小企业创新发展。这一部分的研究从静态视角分析了大学创新创业教育与科技型中小企业创新发展两者之间的相互作用。

第三，基于博弈理论揭示了大学创新创业教育与科技型中小企业创新发展的协同演化机理。这一部分通过演化博弈论建模的方式，动态分析了人才、资本、技术信息、知识、政策等5类因素对大学创新创业教育和科技型中小企业创新发展这两个系统演化策略的作用机制和演化路径，并进行了数值模拟。研究结果表明，随着大学创新创业教育和科技型中小企业创新发展两者协同演化成功概率、知识共享创造的收益、独立演化新增成本、政府对选择协同演化策略的大学和科技型中小企业补贴的增加，系统快速发展到协同演化的稳定策略；随着额外收益系数、大学创新创业教育和科技型中小企业创新发展各自独立演化成功概率、政府对选择独立演化策略的大学和科技型创新企业补贴的增加，系统缓慢发展到协同演化稳定策略。这一部分从动态的视角验证了大学创新创业教育和科技型中小企业创新发展两者之间的相互作用。

第四，基于理论和实证研究，本书就改进大学创新创业教育、促进科技型中小企业发展、促进校企协同发展等方面给出了政策建议，具体包括建立大学生创新创业能力评价和跟踪机制、科技型中小企业负责人积极参与创新创业教育、加大知识产权保护等。

赵 超

2021 年 10 月

目 录

CONTENTS

1 绪　论

大学创新创业教育是我国创新型国家战略举措的必然选择，科技型中小企业创新发展是国家经济持续发展的重要支撑。目前，大学创新创业教育和科技型中小企业创新发展的有效衔接亟待深入探讨。

1.1 研究背景

1.1.1 大学创新创业教育是我国创新型国家战略举措的必然选择

当今是一个以知识、信息和技术为基础,以创新创业为动力的知识经济时代。[1]为了适应时代的发展,国家把如何提升创新提到了国家战略的高度。《中共中央关于制定国民经济和社会发展第十二个五年规划的建议》明确提出,要坚持把科技进步和创新作为加快转变经济发展方式的重要支撑。[2]国家应将自主创新摆在突显的地位,使其成为国家经济发展的内驱动力,加快推进科技进步,努力提高创新能力,同时加快调整经济结构,增强科学技术在社会经济发展过程中的功能。

知识经济的兴起不仅仅要求新型的生产方式,要求人适应新型的生产方式,还要求与时俱进的大学教育。[3]尽管"大众创业、万众创新"的理念日益深入人心,但是与率先迈入创新驱动的国家相比,我国大学生在创新创业上还存在着创新精神不够、创新能力偏低、创业意愿不足、实战能力较弱、生存型多社会型少、资源型多知识型少等问题。[4]因此,处于新旧经济动能发展方式转换的历史节点上,高等学校亟待提升对创新创业教育认识,树立创新创业教育理念。高等院校应该将大学生的创新创业精神和能力培养作为人才培养的基本内容之一。在此基础上,形成适应本土创新驱动并能促进人的实际发展的创新创业教育理论与实践体系,从而使更多大学生成为具有创新精神的知识劳动者、面向知识要素的创业者和通过创新创业活动实现自我全面发展的人。

大学创新创业教育的研究吸引了越来越多学者的关注,学者们展开了多个方面的研究。具体来说,现有的相关研究主要集中在以下四个方面:① 教育模式的明晰以及内在的核心理念。[5]② 教育体系的构建以及如何更好地运行。[6]③ 教育课程的开发和完善。[7]④ 教育成效的界定以及衡量。[8]但是,很少有学者从科技型中小企业对于人才需求的视角出发来分析大学创新创业教育的发展如何进一步完善。

1.1.2 科技型中小企业创新发展是国家经济持续发展的重要支撑

科技型中小企业是以创新为使命和生存手段的企业，主要分布在高新技术产业和传统产业中技术含量比较高的产业链环节，是新兴产业形态和新经济形式天然的追逐者。[9]科技型中小企业主要从事与高新技术相关的活动，处于产业链的高端，拥有自主知识产权和专有技术，发展速度快、创新能力强，是我国科技自主创新、成果转化、产业化的重要推动力。[10]

科技型中小企业是我国产业结构调整和升级的重要载体。在现代全球经济下，竞争力的强弱不再受自然条件所禁锢。根据哈佛商学院教授波特的“国家竞争优势理论”，一国的竞争优势并不像古典所解释的简单地取决于一国的自然资源、劳动力、资本等因素禀赋，而是在很大程度上取决于本国的产业技术创新和升级能力。[11]在经济全球一体化的背景下，任何国家的发展状况都不是一成不变的，各国产业发展都具有很强的自主性和能动性。科技型中小企业技术创新能够有效提升国家整体竞争力。一个国家的竞争力与企业的竞争力有关，企业竞争力的培育从根本上来说要依靠科技创新为未来生产力提高奠定坚实的基础。科技型中小企业是自主创新主体中最活跃的部分，是产品研发和成果转化的主要阵地。大力推动科技型中小企业发展、培养积蓄自主创新后劲，是我国应对全球科技高速发展、高新技术不断涌现、技术更新换代不断加快的必然选择。

科技型中小企业产业集群能够有效提升区域行业竞争力。高新技术产业园区是科技型中小企业产业集群的主要模式，也是高新技术产业快速发展的重要基础。通过高新技术产业园区产业集聚，可实现基础设施共享，技术、信息、人才等因素高度集中，能够改善科技型中小企业创新条件，使得科技型中小企业能够容易获得创新的有关生产要素，降低创新成本。科技型中小企业产业集群内的上下游企业之间通过产业链的配套协作，深化专业化分工，实现主导该产业的技术方向和市场竞争地位。科技型中小企业产业集群内的激烈竞争能够加速企业生产率的提高，激励技术更新换代，促使科技型中小企业永久保持创新动力，实现创新的永动机制。科技型中小企业是夯实科技创新的微观基础。科技型中小企业是建立在最新的科学技术基础之上的，基本不受传统技术发展水平的制约，成功的科技型中小企业其规模在十年内可扩大几十倍甚至上百倍。发达国家和新兴工业化国家发展的成功经验表明，一个国家科学技术快速转化为现实生产力的重要前提是遵循需求导向的市场规律，使企业成为研发活动的微观主体。

由此可见，在现阶段有效地提升科技型中小企业创新发展水平，可为国家经济持续发展提供重要支撑和动力。学者们针对科技型中小企业的发展也展开了多方面的分析，主要集中在以下五个方面：① 科技型中小企业发展的影响因素研究。[12] ② 科技型中小企业融资问题研究。[13] ③ 国家针对科技型中小企业的相关政策研究。[14] ④ 科技型中小企业如何引进开发人才研究。[15] ⑤ 科技型中小企业创新能力评价研究。[16] 但是，很少有学者分析大学创新创业教育和科技型中小企业创新发展这一问题。

1.1.3　大学创新创业教育和科技型中小企业创新发展的有效衔接亟待探讨

大学创新创业教育是国家创新创业人才培养的重要途径，是创新驱动战略实施的重要人才战略支撑，也是高等教育内涵发展的自身要求。[17] 大学创新创业教育最终要服务于企业的发展，要根据大学生创新创业的特点，深化创新创业教育改革，培育大学生的创新创业意识、创新创业精神和创新创业能力，激发大学生的创新创业激情，努力培养一批新型创新创业骨干人才。

科技型中小企业的成长更多依赖技术创新成长方式而非规模经济成长方式，这种压力促使科技型中小企业为了求生存、促发展不断地进行技术创新，从而也使科技型中小企业具有很高的创新效率。

综上，科技型中小企业是国家经济发展和科技创新的重要力量，而大学创新创业教育是国家创新创业人才培养的重要途径。大学创新创业教育的发展需要以科技型中小企业创新发展的经验和规律为依托，科技型中小企业的创新发展同样需要大学创新创业教育提供支持。因此,分析科技型中小企业创新发展和大学创新创业教育之间的相互作用(影响因素),对于科技型中小企业的发展以及大学创新创业教育的完善都具有重要的现实意义。

1.2 研究目的与意义

1.2.1 研究目的

本书拟达到如下研究目的:① 探寻大学创新创业教育和科技型中小企业创新发展之间相互影响的因素,构建这两个系统相互影响的理论模型。② 分析大学教师、在校大学生、科技型中小企业负责人等不同群体及其内部细分群体对大学创新创业教育状况和科技型中小企业创新发展状况的评价差异,为了解和研究这两个系统提供新的视角。③ 构建大学创新创业教育和科技型中小企业创新发展这两个系统协同演化的博弈模型,在此基础之上建立仿真系统,根据两个系统间影响因素的参数变化,模拟两个系统动态演化的发展过程。④ 根据上述研究所得到的结论,提出符合大学创新创业教育和科技型中小企业创新发展现实需求的政策改进意见和建议。

1.2.2 研究意义

一方面,支持科技型中小企业创新发展是我国实施创新驱动战略的重要组成部分。另一方面,开展创新创业教育是高等教育改革的内在要求,是教育服务经济社会发展的重要体现。但是,现有的研究并没有有效地将这两个方面衔接起来。因此,研究科技型中小企业创新发展与大学创新创业教育之间的内在关系具有较为重要的理论意义和现实意义。

1.2.2.1 理论意义

通过文献梳理以及扎根理论研究,有效地探讨了科技型中小企业创新发展与大学创新创业教育之间的影响因素,并构建了这两个系统相互影响的理论模型，为创新创业教育管理的深入研究提供了参考。

通过针对大学教师、在校大学生和科技型中小企业负责人等不同人群的差异化分析，扩大了创新创业教育管理研究的视野范围；通过实证分析，探讨了科技型中小企业创新发展与大学创新创业教育相互影响、相互作用的机理，为校企合作机制研究提供了有益补充。

以大学创新创业教育和科技型中小企业创新发展间相互影响的因素为参数，动态性分析了这两个系统演化发展的策略博弈过程，为系统演化策略博弈研究提供了借鉴。

1.2.2.2 现实意义

通过本书的分析，明晰了大学创新创业教育与科技型中小企业创新发展之间的影响因素以及这些因素之间的作用机制，为大学和科技型中小企业如何分别从对方那里获得支持提供了参考依据，从而使得这种支持更有针对性和实效性。

通过本书的分析，一方面，大学了解了具有不同特征的教师和学生群体对创新创业教育的认知和评价，为大学进一步改进教育工作提供了参考依据。另一方面，科技型中小企业了解了具有不同特征的科技型中小企业负责人对科技型中小企业发展的认知和评价，为科技型中小企业下一步创新性的发展提供了参考依据。

本书在博弈分析的基础上，以影响因素为参数，研究了大学创新创业教育与科技型中小企业创新发展这两个系统演化策略的动态发展机理，从动态视角对二者的协同发展给出了策略性建议。这为政府主管部门合理制定政策、科学引导资源投入、精准发力促进大学和企业合作提供了决策参考。

1.3 研究内容

在理论和实践的背景下，本书以大学创新创业教育和科技型中小企业创新发展为研究对象，分析两者之间的影响因素及其作用机理，探究大学创新创业教育和科技型中小企业创新发展的协同演化过程，以期提出符合大学创新创业教育和科技型中小企业创新发展现实需求的政策建议。本书共分为8章，具体章节分析如下。

（1）绪论。第1章首先从大学创新创业教育是我国创新型国家战略举措的必然选择、科技型中小企业创新发展是国家经济持续发展的重要支撑、大学创新创业教育和科技型中小企业创新发展的有效衔接亟待深入探讨这三个方面阐述了本书的研究背景，并从理论角度和现实角度分析了研究的重要意义，介绍了主要创新点、研究方法和技术路线。

（2）文献综述。第2章梳理并综述了国内外有关大学创新创业教育和科技型中小企业创新发展的研究成果。

（3）大学创新创业教育与科技型中小企业创新发展现状分析。第3章主要介绍了我国大学创新创业教育的发展历程、现状和面临的挑战，同时也介绍了我国科技型中小企业的发展历程、在科技创新战略中的重要地位以及对创新创业教育的现实需求，为后续的质化和量化研究奠定了现实基础。

（4）大学创新创业教育与科技型中小企业创新发展影响因素理论分析。第4章在梳理国内外相关文献的基础上，利用扎根理论研究方法，采用专家访谈法，探求大学创新创业教育和科技型中小企业创新发展两个系统之间的影响因素。本章拟对调研样本地区的代表性科技型中小企业负责人、大学创新创业指导教师和在校大学生等群体进行开放式的深度访谈，对访谈资料进行编码分析，并经过理论饱和度检验，得到了两个系统之间较为全面的影响因素。本章把科技型中小企业和大学创新创业教育均看成开放的系统。根据系统论的观点，任何系统都是由若干相互联系、相互影响的要素构成的有机体，要素具备的潜在可分性又使要素本身同时也是一个相对独立的系统。任何事物在外在联系中成为要素，在内在联系中又成为系统。这就需要协调机制对双方系统内部各要素进行适度匹配和调整，从而保证科技型中小企业创新发展和大学创新创业教育各系统沿着健康、有序的轨迹动态演化。本章提出了科技型中小企业创新发展与大学创新创业教育影响因素的概念模型（见图1-1），在此基础上，进行研究假设，并建立更为明确的影响机理理论模型。

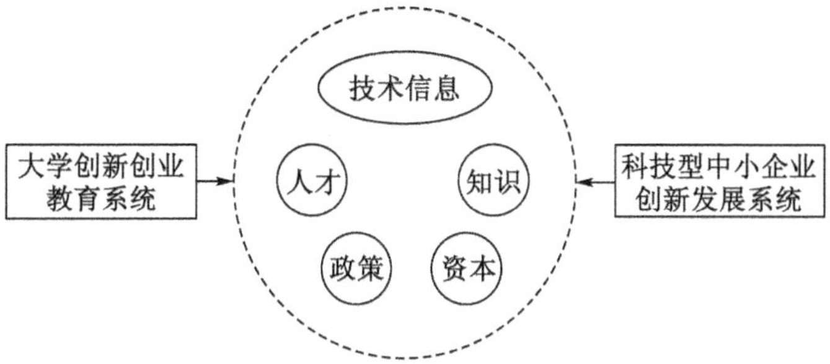

图 1-1 大学创新创业教育与
科技型中小企业创新发展影响因素概念模型

（5）大学创新创业教育与科技型中小企业创新发展影响因素实证设计与分析。第 5 章一方面在借鉴有限的大学创新创业教育发展相关研究量表和科技型中小企业创新发展的相关研究量表的基础上，结合扎根理论研究分析中关于两个系统间影响因素的访谈内容统计结果，对量表进行本土化修正和改进。此外，通过研读回顾国内外相关研究文献，获取关于大学创新创业教育与科技型中小企业创新发展影响因素的相关研究变量及相应的概念表述，并整理出相关可用的量表测量表述。另一方面，根据研究变量的概念界定，对量表进行操作化定义，结合扎根理论研究分析影响因素内容及专家咨询结果，对研究量表进行自行开发设计，内容包含图 1-1 概念模型中的因素影响，即人才、技术信息、资本、知识、政策等 5 个方面。

（6）大学创新创业教育与科技型中小企业创新发展影响因素实证分析。第 6 章通过对抽样地区科技型中小企业负责人、大学教师和在校大学生展开的问卷调查进行数据分析，对大学创新创业教育、科技型中小企业及两者的影响因素进行了描述性分析和群体差异化分析，进一步论证了科技型中小企业创新发展系统与大学创新创业教育系统二者之间存在的动态影响，并通过数据调研定量分析两者之间的关联性。第 6 章根据上述研究结果对图 1-1 中的概念模型进行了修正。

（7）大学创新创业教育和科技型中小企业创新发展协同演化研究。

第 7 章在第 6 章实证分析的基础上，通过构建博弈模型，分析人才、资本、技术信息、知识、政策等 5 个因素在大学创新创业教育和科技型中小企业创新发展两个系统演化过程的动态影响，对两个系统演化策略的作用机制和发展路径进行了动态分析，并进行了数值模拟。

（8）结论与展望。第 8 章基于以上研究结论，提出了改进大学创新创业教育发展、促进科技型中小企业创新发展、促使两个系统协同发展的政策建议，可为制定大学创新创业教育和科技型中小企业创新发展的相关政策提供参考。

1.4 主要创新点

（1）基于访谈资料，利用扎根理论系统识别了大学创新创业教育和科技型中小企业创新发展之间的影响因素，包括人才、资本、技术信息、知识、政策等 5 个方面，并提出了两个系统相互影响的理论模型，为大学和科技型中小企业协同发展相关研究提供了新的理论体系参考。

（2）基于大量问卷调查所得到的数据，利用多元统计分析和结构方程模型等方法剖析和验证了各影响因素在大学创新创业教育和科技型中小企业创新发展之间的中介作用和调节作用，修正了所提出理论模型中各因素的作用路径，丰富和拓展了大学创新创业教育和科技型中小企业创新发展相关的研究内容。

（3）基于大学创新创业教育和科技型中小企业创新发展两者之间相互影响的关系，构建了两者演化策略的博弈模型，并以两者间的 5 个影响因素为参数变量进行了数值模拟，科学预测了各演化策略组合的实施效果和发展趋势，丰富了教育系统和经济发展系统相关领域研究的分析范式。

（4）运用单因素方差分析了科技型中小企业负责人、大学教师、在校大学生等群体及其内部细分群体对于大学创新创业教育和科技型中小企业创新发展评价上的差异，系统描述和阐释了各群体内部不同特征样本的评价规律，为大学教育改革发展和科技型中小企业创新发展相关研究提供了新的视角。

1.5 研究方法与技术路线

1.5.1 研究方法

本书的研究方法主要包括:① 基于大量文献研究,探析了科技型中小企业创新发展与大学创新创业教育协同发展的现状。② 引入扎根理论的质化研究方法,基于专家访谈法,分析了科技型中小企业创新发展和大学创新创业教育协同发展的影响因素,初步探析了两个系统间的影响因素。③ 通过归纳演绎方法,分别构建了科技型中小企业创新发展系统与大学创新创业教育系统的指标体系。④ 通过问卷测量法测量了科技型中小企业创新发展系统、大学创新创业教育系统两者间影响因素的相关数据。⑤ 采用结构方程模型对科技型中小企业创新发展系统与大学创新创业教育系统的影响因素进行了深入分析,验证了两个系统间的影响因素。⑥ 构建博弈模型,模拟了各影响因素在大学创新创业教育和科技型中小企业创新发展两者的动态影响效应。

1.5.2 技术路线

本书遵循"问题提出—质化研究—量化研究—对策建议"的逻辑思路,技术路线见图 1-2。本书首先阐述了大学创新创业教育和科技型中小企业创新发展的现状,分析了两者在发展过程中遇到的问题和现实需求;其次,基于访谈资料,利用扎根理论探讨了大学创新创业教育和科技型中小企业创新发展的影响因素,并在此基础上提出了研究假设;再次,利用问卷调查所得到的数据对大学创新创业教育和科技型中小企业创新发展的影响因素进行了描述性统计分析,利用结构方程模型剖析了各影响因素之间的相关关系,并验证了所提出的若干假设;基于博弈理论,构建仿真模型模拟大学创新创业教育和科技型中小企业创新发展影响因素的动态影响效应;最后,提出了相关政策建议。

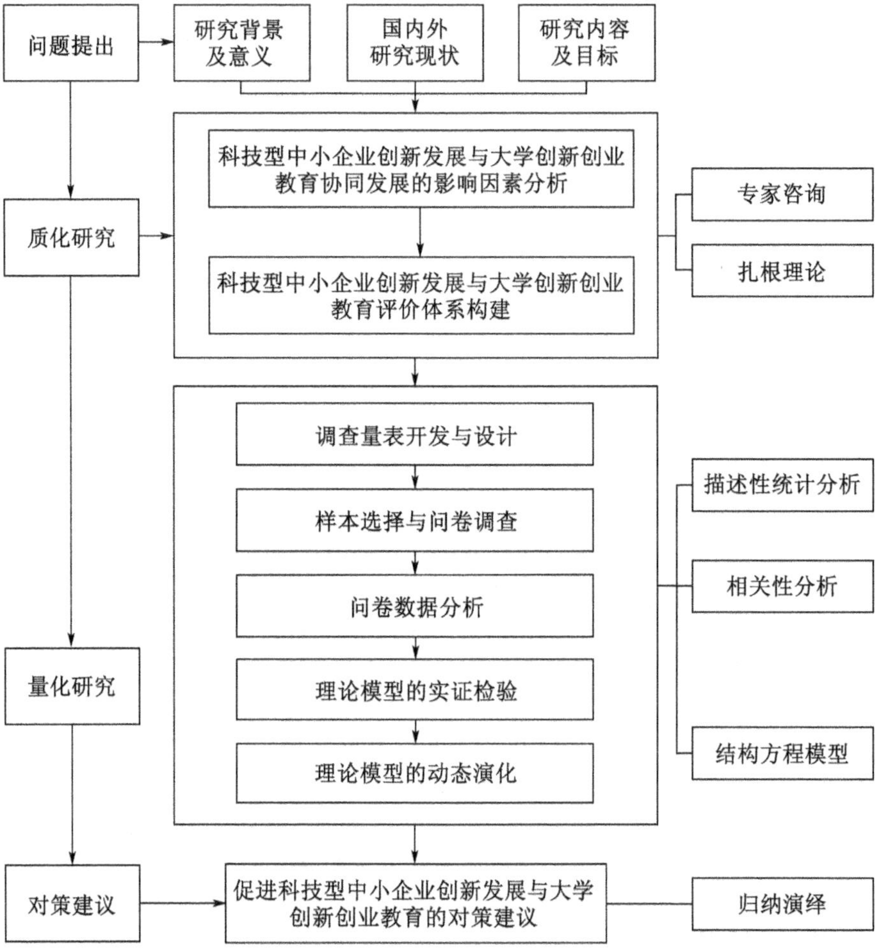

图 1-2　技术路线

1.6　本章小结

（1）从三个层面详细介绍了国家推动大学创新创业教育和科技型中小企业创新发展的研究背景：① 大学创新创业教育是我国创新型国家战略举措的必然选择。② 科技型中小企业创新发展是国家经济持续发展的重要支撑。③ 大学创新创业教育和科技型中小企业创新发展的有效衔接亟待深入探讨。

(2) 阐明了本书的研究目的和研究意义，并在此基础之上明确了本书的研究内容。本书以大学创新创业教育和科技型中小企业创新发展为研究对象，分析了两者之间的影响因素，探究了影响因素的作用机理，模拟了影响因素在两者间的动态影响，提出了改进大学创新创业教育和科技型中小企业发展的政策建议。

(3) 概述了本书的 4 个创新点：① 基于访谈资料，利用扎根理论系统识别了大学创新创业教育和科技型中小企业创新发展两者之间的 5 个影响因素，具体包括人才、资本、技术信息、知识、政策等，提出了两者相互影响的理论模型，为大学和科技型中小企业协同发展相关研究提供了新的理论体系参考。② 基于问卷调查所得到的数据，利用多元统计分析和结构方程模型等方法剖析和验证了各影响因素在大学创新创业教育和科技型中小企业创新发展之间的中介作用和调节作用，修正了理论模型中各因素的作用路径，丰富和拓展了大学创新创业教育和科技型中小企业创新发展相关的研究内容。③ 基于大学创新创业教育和科技型中小企业创新发展两者之间相互影响的关系，构建了两者演化策略的博弈模型，并以两者间的影响因素为参数变量进行了数值模拟，科学预测了各演化策略组合的实施效果和发展趋势，丰富了教育系统和经济发展系统相关领域研究的分析范式。④ 运用单因素方差分析了不同群体对于大学创新创业教育和科技型中小企业创新发展评价上的差异性，并系统描述和阐释了各群体内部不同特征样本的评价规律，为大学教育改革发展和科技型中小企业创新发展提供了新的研究视角。

本书采用了文献研究、扎根理论、归纳演绎、问卷测量、结构方程模型、构建博弈模型等研究方法，制定了切实可行的研究技术路线，为后续深入研究奠定了坚实的基础。

2

文献综述

本章梳理并综述了国内外有关大学创新创业教育和科技型中小企业创新发展的研究成果。

2.1 国内文献综述

2.1.1 大学创新创业教育相关研究

随着大学创新创业教育改革的不断深化，大学创新创业教育的内容及模式也不断丰富，以“大学创新创业教育”为关键词，通过在知网上搜索可发现，关于大学创新创业教育内容的研究日益增加，2015 年相关研究为 1 033 篇，2016 年相关研究为 2 058 篇，2017 年相关研究为 2 472 篇，2018 年相关研究为 3 263 篇，研究内容包括创新创业教育模式、教育体系、教育课程等多个方面。

2.1.1.1 教育模式研究

我国大学创新创业教育模式的研究，始终尚未形成公认的模式，但不同角度的论述相互融合、贯通，存在较大的共性。笔者根据中国矿业大学多年的创新创业教育实践，比较认同“全覆盖＋分层次＋差异化”的大学创新创业教育模式。这种模式也被王占仁等学者称为“广谱式”教育模式。[18]该模式核心理念是“面向全体学生”“结合专业教育”“融入人才培养全过程”，基本途径是对学生进行“全覆盖”“分层次”“差异化”的培养，目标是努力实现全员受教与因材施教紧密结合、在校教育与继续教育密切衔接、素质教育与职业教育统筹兼顾，体系架构整体包括“通识型”“嵌入型”“专业型”“职业型”等 4 个层面。有的研究概括了国内其他 5 种典型模式：一是以中国人民大学为代表的第一课堂与第二课堂相结合模式；二是以北京航空航天大学为代表的创业知识和技能培养与实践教育模式；三是上海交通大学以创新教育作为创业教育的基础，强调基本素质培养模式；四是以清华大学和浙江大学为代表的科技园培养模式；五是以义乌工商学院为代表的“创业学院模式”。[19]

2.1.1.2 教育体系研究

在确立创新创业教育模式的基础上，一些研究针对大学创新创业教育体系构建展开了分析。比较主流的观点认为，大学创新创业教育应当树立科学的创新创业教育管理目标、设置专门的创新创业教育管理机制、建设层次化的创新创业教育课程、构建创新创业教育实践平台，形成学校层面高位推动、专门机构统筹协调、其他单位积极参与的教育体系。很多学者从大学创新创业教育目标系统、课程系统、实训系统、机制系统、保障系统等方面的建设，探讨了如何有效构建创新创业教育体系。

2.1.1.3 教育课程研究

随着我国大学创新创业教育的不断深化和发展，创新创业教育课程的重要性日益凸显。比较有代表性的且符合全球创新创业教育主流观点的是“模块化”课程体系，即通过让学生按需学习来提高教育成效。有学者提出要构建集全程性、多层性、基础性、渗透性、实践性、体验性为一体的“模块化”课程体系，建立创新创业理论课程、创新创业模拟训练课程、创新创业活动课程和创新创业实践课程四位一体的教学课程体系。[20]也有学者从教育环节的角度建议构建以改革培养方案、优化教学环节、完善评价机制为内容的创新创业教育课程体系。还有的学者对行业特色高校的教育课程设置进行了探讨。

2.1.1.4 教育成效研究

大学创新创业教育的根本目的是为社会培养创新型人才，适应社会需求，更好地推动各界创新创业能力的提升。因此，很多学者关注此类教育的成效如何。有的学者从创新创业环境、创新创业教育投入、创新创业教育产出 3 个方面探讨了大学创新创业教育效果评价指标体系。也有的学者通过实证研究探讨了创新创业教育对于提升大学生的创新创业意愿、创新创业能力的有效性。研究结论大多表明了创新创业教育活动对大学生创新创业素养的提高有正相关性。

综合以上可以看出，关于大学创新创业教育的研究大多聚焦在教育模式、教育体系、教育课程、教育成效等方面，虽然有的研究涉及校企合作，但并没有深入讨论大学创新创业教育对科技型中小企业创新发展的具体作用，也没有深入讨论科技型中小企业的创新发展如何影响大学创新创业教育。

2.1.2 科技型中小企业创新发展相关研究

科技型中小企业在我国建设创新型国家的过程中具有举足轻重的作用，因此，我国学者针对科技型中小企业开展了大量的研究与探讨，其中很多研究都涉及企业的创新发展。通过检索相关文献并对其进行梳理和分析可发现，我国学者对科技型中小企业的相关研究主要集中在5个方面：融资问题、企业发展的影响因素、政策支持、人才战略和创新能力评价。

2.1.2.1 企业发展的影响因素研究

科技型中小企业在发展过程中，始终面临着不断变化的内外部环境，很多学者探讨了影响科技型中小企业发展的各类因素。现有相关研究普遍认为，影响科技型中小企业发展的因素主要有技术能力、融资能力、管理水平、人力资源、市场营销能力、国家政策等。

2.1.2.2 企业融资问题研究

我国学者对于科技型中小企业融资问题的研究主要集中在融资路径、知识产权质押和民间融资等方面。

2.1.2.3 政策支持研究

政府出台了一系列支持性政策来帮助科技型中小企业健康稳定发展，很多学者探讨了各类政策的必要性和实际效果，这为后续政策的颁布实施或者改善优化提供依据。现有研究的主要涉及科技领域、金融领域、财税领域和人才领域的相关政策。

2.1.2.4 人才战略研究

现有很多研究系统探讨了科技型中小企业实施人才战略的重要性以及方式方法，为科技型中小企业建立长期的人才规划，提高企业的凝聚力以及核心竞争力提供了参考。现有研究的主要方向为：人才获取途径、企业家精神、人才作用发挥等。

2.1.2.5 创新能力评价研究

创新能力是科技型中小企业的核心竞争力，是科技型中小企业与其他类型企业的本质区别，政府、企业和社会对科技型中小企业各方面的投入主要是为了提升科技型中小企业的创新能力。目前，虽然科技型中小企业发展迅速，但是究竟发展到了何种程度，亟待通过科学的体系进行评价。很多学者探讨了相关评价方法和评价体系的构建，也有学者对影响创新能力的因素进行了研究。

综上所述，国内对于科技型中小企业创新发展的研究主要聚焦于企业发展的影响因素、融资问题、政策支持、人才战略以及企业创新能力评价，鲜有与大学创新创业教育直接关联讨论的。

2.1.3 大学创新创业教育与科技型中小企业创新发展相关性研究

目前，研究大学创新创业教育与科技型中小企业创新发展二者关系的理论成果主要集中在校企合作必要性的宏观探讨上，对二者相互影响因素的探讨比较少，且仅集中在二者在人才和科技创新合作这两个方面，几乎没有学者关注到二者之间相互作用的系统性因素及其作用机理。有少数学者意识到了研究二者之间相互作用的重要性和必要性，却没有进行全面深入的探讨。比如，李忠双建议探究企业与高校创业教育之间的关系，指出应该从高校开展创业教育的目的入手。[21]徐宏伟分析了大学创新创业教育与企业协同技术创新的演化动力的核心因素。[22]

2.2 国外文献综述

2.2.1 创新创业教育相关研究

西方发达国家较早开展了创新创业教育。比如，美国的哈佛商学院1947年开设了“新创企业管理”课程，斯坦福大学1949年也开设了创业教育相关课程。美国已有多所大学通过设立创新研究机构来推进其创新创业教育及创新能力的研究，其他一些欧美国家也力求通过各种途径与方式来培养学生的创新能力，并将高质量创新人才的培养作为教育改革的方向。

创新创业教育在很久以前就引起了国际上的广泛关注。第一届创业研究国际会议1973年在加拿大多伦多举行。1998年联合国教科文组织发表的《21世纪的高等教育：展望与行动世界宣言》指出，青年除了接受传统意义上的学术教育和职业教育外，还应当拥有第三本“教育护照”①。创业教育的概念也正是在这次大会上被正式提出的。[23]

基于教育模式、教育体系、教育课程等因素，国外的创新创业教育呈现出以下特点：① 以学生为主体的教学思想。② 以案例教学、引导式教学为主的教学方法。③ 模块化、分层次的课程结构。④ 广泛使用网络教学。⑤ 评估与考核在教学过程中占有重要地位。

国外学者对创新创业教育的讨论主要集中在两个方面：一是关于创新和创业之间的关系。比如，Davidsson 等指出，创新来源于创业，并且应该成为评判创业的标准。[24] Cooper 等对创新与创业的内涵、关系及相互渗透融合等进行了分篇探讨。[25] 二是关于创新创业教育的成效。Gibb 通过调查研究发现，在成为一个创业家之前，一个人必须接受足够的创业训练和发展。[26] Nabi 等认为，在高等教育阶段对创业教育的投资最有可能带来长期回报。[27] 但也有研究对创新创业教育的成效提出质疑，特别是有的研究表明，在某种情境下，创新创业教育甚至有负面作用。比如，Oosterbeek 等指出，学生受到的创新教育对其未来成为企业家并未产生显著的影响。[28] Fayolle 等认为，当以前的创业经验薄弱或不存在时，创业教育计划对参与者的创业态度和意图的积极作用就相对明显；相反，对于那些以前曾大量接触过企业家精神的学生，创业教育计划对他们有重大反作用。[29] Nabi 等考察了在高等教育第一年中创业教育在培养学生创业意向中的作用，实证分析结果表明，创业教育的影响是可变的，在某些情况下甚至会导致创业意向的降低。[30]

① 三本“教育护照”分别指学业性“教育护照”、职业性“教育护照”、创业性“教育护照”。第三本“教育护照”是指创业性“教育护照”。

2.2.2 科技型中小企业创新发展相关研究

国外关于科技型中小企业创新发展的研究较少，相关文献大多集中在中小企业创新发展的影响因素方面。由于科技型中小企业同样具有一般中小企业的典型特征，本部分内容重点综述国外文献关于中小企业创新发展的影响因素的相关研究。

2.2.2.1 政府补贴因素研究

研究结论主要包括：① 政府研发补贴可减少科技型中小企业创新的风险和不确定性。② 政府给予科技型中小企业研发补贴，能够向市场传递积极信号，可以在一定程度上缓解外部投资者对研发项目的主观认知偏差。③ 政府补贴对科技型中小企业研发投入有显著的促进作用，受补贴的科技型中小企业比没有接受补贴的科技型中小企业进行了更多的研发活动。④ 政府补贴可以有效地缓解科技型中小企业的融资约束困境。

2.2.2.2 税收优惠因素研究

研究结论主要包括：① 政府宜采取税收优惠等政策对科技型中小企业创新发展提供相应的支持。② 只要科技型中小企业有合理的研发支出，不管行业、规模以及研发活动的效果如何，都应该申请税收优惠。③ 税收优惠可以减少研发活动的边际成本，进而激励科技型中小企业能够进行更多的研发活动，增加在研发方面的投入。

2.2.2.3 政治关联因素研究

研究结论主要包括：① 政治关联作为非正式制度安排的一种主要形式，在科技型中小企业创新决策中发挥着越来越重要的作用。② 科技型中小企业通过各种途径寻求政治关联在世界各国是普遍的现象。③ 具有政治关联的科技型中小企业会得到更多的信贷额度，并能以较低的贷款利率获得资金。④ 与政府建立政治关联可以有效缓解科技型中小企业的融资约束困境，使科技型中小企业更容易获得资金的支持，对科技型中小企业创新发展产生积极的正向作用。

2.2.2.4 其他方面相关研究

其他方面的研究包括：知识服务对科技型中小企业创新的影响、科技型中小企业与科技型大企业的创新行为差异性、科技型中小企业的创新活动特征、组织和环境因素对科技型中小企业创新平衡性和科技型中小企业绩效的影响、国际创新协作和内部研发与科技型中小企业创新能力之间的关系、科技型中小企业的开放式创新途径、人才管理对科技型中小企业的重要性等。

2.2.3 国外关于大学创新创业教育与科技型中小企业创新发展相关性研究

国外关于大学创新创业教育与科技型中小企业创新发展相关性的研究主要集中在对二者相互作用的必然性或者二者之间某个因素相互作用的探讨方面，几乎没有学者关注到二者之间相互作用的系统性因素及其作用机理。国外的研究结论主要有：科技型中小企业的诞生和成长离不开有效的创新创业教育；高校的创新教育有利于提升企业家精神和才能；参加创业教育的学生表现出态度和感知行为控制的增强，企业家意图在科技型中小企业创立及相关后续行为上对创业教育能够产生影响等。

2.3 本章小结

本章从国内和国外两个方面对大学创新创业教育和科技型中小企业创新发展相关研究进行了梳理。本章主要梳理了大学创新创业教育发展、科技型中小企业创新发展、大学创新创业教育与科技型中小企业创新发展的相关性等 3 个方面的研究。国内对大学创新创业教育方面的研究主要涉及创新创业教育模式、教育体系构建、教育课程研究等方面，对科技型中小企业的研究主要涉及企业发展的影响因素、融资问题、政策支持、企业创新能力评价等方面。由于国外相关研究的关注点不同于国内相关研究，本章主要对国外创新创业教育、科技型中小企业创新发展以及大学创新创业教育对科技型中小企业创新发展相关性进行了梳理。

通过文献梳理可以看出，我国大学创新创业教育与科技型中小企业创新发展影响因素研究还处于起步和探索阶段，相关理论和实践研究还需要进一步深入。在研究视角上，现有研究更多是从单方面来分析大学创新创业教育如何助力科技型中小企业创新发展，或者是分析科技型中小企业创新发展如何反哺大学创新创业教育，缺乏对两者影响因素进行深入探析。在研究方法上，现有研究更多是从定性的角度来探讨大学创新创业教育与科技型中小企业创新发展之间如何衔接，没有应用定量方法对这一问题进行深入探讨。此外，现有研究也缺乏应用计算机仿真技术对大学创新创业教育与科技型中小企业创新发展影响因素进行模拟以观察两者间交互影响机制，无法为后续政府相关政策的制定奠定基础。

3

大学创新创业教育与科技型中小企业创新发展现状分析

本章介绍了我国大学创新创业教育的发展历程、现状和面临的挑战，同时介绍了我国科技型中小企业的发展历程、在科技创新战略中的重要地位以及对创新创业教育的现实需求，为后续的质化和量化研究奠定了基础。

3.1 大学创新创业教育现状

3.1.1 大学创新创业教育日益受到重视

2010年，教育部发布了《教育部关于大力推进高等学校创新创业教育和大学生自主创业工作的意见》。该文件是推进大学创新创业教育的纲领性文件。2014年，在夏季达沃斯论坛上，李克强总理首次提出了“大众创业、万众创新”的理念。近年来，“大众创业、万众创新”逐渐成为推动中国经济继续前行的“双引擎”之一，对于促进经济发展起到了重要作用。2015年，“大众创业、万众创新”被写入政府工作报告。

为保障大学创新创业教育的顺利开展，国务院办公厅、教育部等部门机构先后出台了众多促进大学创新创业教育改革、推进大学生创新创业教育的相关文件及政策，如《关于深化高等学校创新创业教育改革的实施意见》《关于大力推进大众创业万众创新若干政策措施的意见》《关于强化实施创新驱动发展战略进一步推进大众创业万众创新深入发展的意见》等指导性文件，同时人力资源和社会保障部、国家发展和改革委员会等部门或机构也出台了与之配套的文件。

3.1.2 大学创新创业教育方兴未艾

创新创业是经济转型升级、全面建成小康社会的有效路径。1998年首届“清华创业计划大赛”拉开了大学生创业计划大赛的帷幕。创业计划大赛使大学校园创新意识、创业能力的教育与培养工作得到了进一步发展。20余年以来，大学生创新创业的热情不减，创新创业的大学生人数及创业比例持续增加。

教育部积极响应政府号召，为高校学生创设了创新创业的平台。不少高校纷纷开设了“创业基础”“创业导引”等实战课程、特色课程和网络课程，初步形成了“课堂＋实训”的创新创业课程体系。如，清华大学重点建设了“跨学科系统集成设计挑战”等系列挑战性示范课，北京大学形成了“北大十五堂创业课”等一批初创企业实战课程。麦可思研究院通过对2012—2016届大学毕业生创业情况进行分析发现，高校在培养大学生创新能力上的努力已取得了一定成效，大学生毕业时的创新能力掌握水平从2012届的50%提升至2016届的55%。

3.1.3 大学创新创业教育面临的挑战

尽管我国高校积极响应国家和政府的号召，纷纷开展了创新创业教育，但在认识程度、工作机制、教育体系、资源投入等方面仍存在很大的差异，尚未形成较为权威的创新创业教育模式。例如，当前高校创业教育还面临着诸多问题和挑战，主要表现为创业教育受益面仍较窄；创业教育与专业教育相互脱节；创业教育机制尚不健全；高校创业教育教师的创业能力普遍较弱，缺乏系统的培养提升机制。[31]创业教育师资力量缺乏、创业教育管理体系不完善、创业教育培训课程设置不合理等是新时期大学生创业面临的诸多问题。[32]另外，我国部分高校在创新创业人才培养方面存在创新创业宣传教育表面化、学生发展需求调查不充分、忽视指导教师能力的提升、人才评价指标缺乏灵活性等问题。[33]

目前，高校的创新创业教育与科技型中小企业的实际发展存在脱轨的现象。例如，高校在与科技型中小企业合作态度上未能展现积极主动的一面，没有看到校企合作的重要作用；高校即使与科技型中小企业开展了合作，高校的研究成果往往重理论轻实践，过于理想化的科研成果与实际需求存在一定距离，阻碍了高校与科技型中小企业的长期深入合作关系的发展。[34]大学创新创业教育与科技型中小企业之间合作缺乏，要想实现大学创新创业教育的良性发展，科技型中小企业应积极参与，让科技型中小企业走进校园，积极为大学创新创业教育提供实战平台；高校应全面推进，进一步完善创新创业教育机制，积极创建创业型大学，深入开展校企合作，为学生创新创业提供制度保障和平台支持。[35]

3.2 科技型中小企业创新发展现状

3.2.1 国家高度重视科技型中小企业发展

党的十九大报告指出，创新是引领发展的第一动力，是建设现代化经济体系的战略支撑。深化科技体制改革，建立以企业为主体、市场为导向、产学研深度融合的技术创新体系，加强对中小企业创新的支持，促进科技成果转化。我国对中小企业的划分也存在着一个长期的变化，随着我国企业整体实力不断增强，划分标准也在不断改进和完善。

科技型中小企业拥有较强的科技和创新实力，无疑是中小企业中的佼佼者。因此，激励科技型中小企业的技术创新活动显得尤为重要。2015 年，科技部印发的《科技部关于进一步推动科技型中小企业创新发展的若干意见》指出，科技型中小企业是指从事高新技术产品研发、生产和服务的中小企业群体，在提升科技创新能力、支撑经济可持续发展、扩大社会就业等方面发挥着重要作用。2017 年，财政部、国家税务总局、科技部（简称三部委）联合发布了《关于提高科技型中小企业研究开发费用税前加计扣除比例的通知》，将科技型中小企业研发费用加计扣除比例由 50%提高到 75%；随后，三部委联合印发《科技型中小企业评价办法》，明确了科技型中小企业的评价条件、评价程序和评价管理。可以看出，国家对于科技型中小企业越来越重视。

这里所说的科技型中小企业须同时满足以下条件：① 在中国境内（不包括港、澳、台地区）注册的居民企业。② 职工总数不超过 500 人、年销售收入不超过 2 亿元、资产总额不超过 2 亿元。③ 企业提供的产品和服务不属于国家规定的禁止、限制和淘汰类。④ 企业在上一年及当年内未发生重大安全、重大质量事故和严重环境违法，科研严重失信行为，且企业未列入经营异常名录和严重违法失信企业名单。⑤ 企业根据科技型中小企业评价指标进行综合评价所得分值不低于 60 分，且科技人员指标得分不得为 0 分。科技型中小企业评价指标，见表 3-1。

表 3-1　科技型中小企业评价指标

序号	指标	具体要求
1	科技人员指标 （满分 20 分）	A. 30%（含）以上（20 分） B. 25%（含）～30%（16 分） C. 20%（含）～25%（12 分） D. 15%（含）～20%（8 分） E. 10%（含）～15%（4 分） F. 10%以下（0 分）
2	研发投入指标① （满分 50 分）	(1) 按企业研发费用总额占销售收入总额的比例分档评价 A. 6%（含）以上（50 分） B. 5%（含）～6%（40 分） C. 4%（含）～5%（30 分） D. 3%（含）～4%（20 分） E. 2%（含）～3%（10 分） F. 2%以下（0 分） (2) 按企业研发费用总额占成本费用支出总额的比例分档评价 A. 30%（含）以上（50 分） B. 25%（含）～30%（40 分） C. 20%（含）～25%（30 分） D. 15%（含）～20%（20 分） E. 10%（含）～15%（10 分） F. 10%以下（0 分）
3	科技成果指标② （满分 30 分）	A. 1 项及以上Ⅰ类知识产权（30 分） B. 4 项及以上Ⅱ类知识产权（24 分） C. 3 项Ⅱ类知识产权（18 分） D. 2 项Ⅱ类知识产权（12 分） E. 1 项Ⅱ类知识产权（6 分） F. 没有知识产权（0 分）

注：① 企业从(1)(2)两项指标中选择一个指标进行评分。

② 按企业拥有的在有效期内的与主要产品(或服务)相关的知识产权类别和数量(知识产权应没有争议或纠纷)分档评价。

3.2.2 科技型中小企业对科技创新驱动的重要性

(1) 科技型中小企业是推动技术创新的重要力量。科技型中小企业主要从事高新技术产品研发、生产和服务，是我国技术创新的主要载体和经济增长的重要推动力量，在提升科技创新能力、支撑经济可持续发展、扩大社会就业等方面发挥着重要作用。[36]从科技型中小企业的创立来看，其创业者大都是富于创新精神的高学历科技人员。因此，创新与科技型中小企业具有不解之缘，不仅那些能够不断成长壮大的科技型中小企业对创新产生了积极影响，过早退出市场的科技型中小企业也从经验教训方面为创新提供了宝贵经验。国家对科技型中小企业出台了相关政策，为其创造公平竞争的市场环境，促进其健康发展。

(2) 科技型中小企业对创建学习型组织起到积极的示范作用。荷兰皇家壳牌集团的一个研究小组在对"长寿"公司的研究中指出，公司"长寿"的原因之一是具备在多变环境中学习、适应和演变的能力。[37]学习型组织有助于公司内部学习气氛的形成和适应能力的提高。在知识经济时代，由于知识的快速折旧与技术更新换代的加快，掌握先进技术知识并能不断自我更新的员工是科技型中小企业最宝贵的资产。因此，能否在科技型中小企业内部及企业间形成持续学习的良好氛围将决定企业现在和将来的竞争实力。荷兰皇家壳牌集团认为，唯一持久的竞争优势是具备比竞争对手更快的学习能力。我国在高新技术及其产业化发展方面与发达国家存在一定差距，因此学习是多数科技型中小企业的发展途径。科技型中小企业大多是学习型组织，它们的成功经验和做法对于在我国企业中推行学习型组织具有借鉴意义。

(3) 科技型中小企业活跃了科技市场，促进了科学技术向生产力的转化。科技成果转化率低造成有限科技资源的极大浪费，其原因一方面是科技开发者大多数依靠的是政府拨款的机构，如大学和科研院所，由于他们从事科学研究的动力机制不同于企业以市场为导向的动力机制，研究往往与市场需求脱节；另一方面也存在有需求但找不到供给的情况。因此，提高科技成果转化率的措施之一是繁荣科技市场，基本途径是保持足够数量的科技商品供给和需求，大量科技型中小企业的存在正是产生这种需求和供给的温床。研究表明，科技型中小企业是科技成果转化的主体，与大公司相比，小企业技术成果转化比较快。从我国科技体制改革的历史看，科技型中小企业实际上也担负了向市场传播和普及高新技术和高科技产品的责任。[38]因此科技型中小企业虽然资金不足、规模有限，但机制灵活、富于创新，能够发挥贴近市场的优势，可以为科技市场的繁荣带来活力。

（4）科技型中小企业促进了技术创新效率的提高。科技型中小企业是知识经济时代的必然产物，是我国国民经济发展新的经济增长点，是最具创新活力和发展潜力的科技创新的生力军。[39]科技型中小企业相较于其他类型的中小企业，具有高效率的技术创新优势，其主要原因还在于来自市场的压力。科技型中小企业的成长更多依赖技术创新方式而非规模经济方式，这种压力促使科技型中小企业为了求生存、促发展不断地进行技术创新，从而也导致了科技型中小企业具有很高的创新效率。

3.2.3 科技型中小企业对创新创业教育的需求

科技型中小企业的突出特征是创业和创新，其创业者大都是富于创新精神的高学历科技人员，也就意味着我国未来创新创业的主体可能是大学生。[40]因此，科技型中小企业的创新发展对我国高校的创新创业教育提出了要求。科技型中小企业创立和发展需要具有实践精神的创业者，目前大学创新创业教育体系不完善，应该加强创新创业实践基地建设，强化实践活动环节。[41]大学创新创业教育最终要服务于科技型中小企业的发展，要根据大学生创新创业的特点，深化创新创业教育改革，培育大学生创新创业意识、精神和创新创业能力，激发大学生创新创业激情，努力培养一批新型创新创业骨干人才。[42]

3.3 本章小结

首先，本章介绍了大学创新创业教育的现状，从国家重视大学创新创业教育发展、大学创新创业教育方兴未艾、大学创新创业教育面临的挑战3个角度进行了阐述，详细列举了国家为推动大学创新创业教育所推行的各类政策措施，印证了国家重视大学创新创业教育发展这一观点。本章指出了尽管我国大学积极响应国家和政府的号召，纷纷开展了创新创业教育，但在认识程度、工作机制、教育体系、资源投入等方面仍存在很大的差异，尚未形成较为权威的创新创业教育模式，目前大学创新创业教育还面临着较大的挑战。

其次，本章介绍了科技型中小企业发展的现状，从国家高度重视科技型中小企业发展、科技型中小企业成为科技创新驱动的重要力量、科技型中小企业创新发展对创新创业教育的需求等3个角度进行了阐释。本章重点从科技型中小企业是推动技术创新的重要力量、科技型中小企业对创建学习型组织起到积极的示范作用、科技型中小企业活跃了科技市场并且促进了科学技术向生产力的转化、科技型中小企业促进了技术创新效率的提高等4个角度阐明了科技型中小企业已成为科技创新驱动的重要力量。

4

大学创新创业教育与科技型中小企业创新发展影响因素理论分析

借鉴扎根理论的基本思想和基本方法，采用专家访谈法，探求了大学创新创业教育和科技型中小企业创新发展两个系统之间的影响因素，提出了科技型中小企业创新发展与大学创新创业教育影响因素的概念模型并建立了影响机理理论模型。

4.1 扎根理论研究方法

本书采用扎根理论进行研究。扎根理论最早由社会学家格拉泽和施特劳斯在《扎根理论的发现:质化研究策略》中提出,是基于实际观察及经验资料的不断系统分析与归纳的一种定性研究方法。扎根理论的研究过程是自下而上进行的,研究者在研究前不做假设,通过收集资料、实际观察归纳提炼概念,然后再通过寻找这些概念之间的联系来构建相关的理论。扎根理论的研究不只是停留在对研究对象的描述与解释,还侧重从广泛的信息资料中提炼出理论。[43]在形成理论的过程中,扎根理论研究者同样需要借鉴学术界已有的成果,在个人知识、前人已有成果、经验研究之间形成对话。[44]

扎根理论以原始数据为根基,以经验事实为依据,以构建科学的理论框架为目标,通过多次比较,反复检查和确认,克服了其他质性研究的不规范,是质性研究中最权威、最规范、最科学的理论研究方法之一,因此,被广泛应用于管理学、社会学、教育学、护理学等领域。[45]

扎根理论在形成后,格拉泽和施特劳斯开始从不同的方向上应用扎根理论。格拉泽仍然保持早期的方法,强调不对研究过程进行预设和假想。施特劳斯把扎根理论向实证方向进行发展,与科宾为扎根理论建立了精确的程序步骤,并且认为合理的预设更有助于研究的进展,使得扎根理论更加技术化和程序化。格拉泽的编码思路只有两级,包括开放性编码和选择性编码。开放性编码主要是对经验资料进行概念化,选择性编码是将资料概念联合起来形成理论。施特劳斯与科宾将编码步骤分成了三级,包括开放性编码、主轴编码和选择性编码,并在主轴编码阶段提出了典范模式:因果关系—现象—脉络—中介条件—行动策略—结果,用来把不同类属进行联系整合。[46]

科宾等在《质性研究的基础:形成扎根理论的程序和方法》中提到,在实际的研究过程中,研究者在质性研究中虽不能完全做到客观,但也许可以保持敏感。敏感表示富有洞见,协同一致,能够抓住资料中相关的议题、事件以及意外情况。同时，科宾认同合理利用技术文献和非技术文献，使文献发挥其应有的作用。科宾认为可以由一个预先界定的理论框架或者预设概念开始研究，但研究者需要对新观念和新概念“保持开放”，并且当研究者发现某种“引进的”概念不符合资料时，应当放弃该概念。[47]

扎根理论研究方法的核心是资料收集与分析。资料收集与分析过程既包含理论演绎又包含理论归纳。[48]扎根理论研究方法主要包括研究问题的提出、数据收集、数据处理以及理论构建等 4 个步骤。具体来说，第一，通过对问题的提出设计调查研究，对资料进行逐级登录，产生概念。第二，发展理论性概念，建立概念间的联系。第三，进行理论性抽样，系统地对理论进行编码。编码具体包括开放性编码（将收集的资料进行概念化和范畴化的过程）、主轴编码（通过运用“因果条件→现象→脉络→中介条件→行动/互动策略→结果”这一译码典范模型将开放性编码中所得出的各项范畴联结在一起的过程）、选择性编码（通过将核心范畴与其他范畴之间的关系进行归纳，补齐尚未发展完备的范畴）3 个级别的编码。编码是通过对资料的深入分析逐步形成理论框架，并加以验证。[49]第四，理论构建，在运用扎根理论进行研究的过程中，为达到理论饱和，通常在理论不饱和的情况下进行循环研究，反复进行资料收集与编码，直到理论饱和再停止编码。扎根理论的研究步骤，见图 4-1。

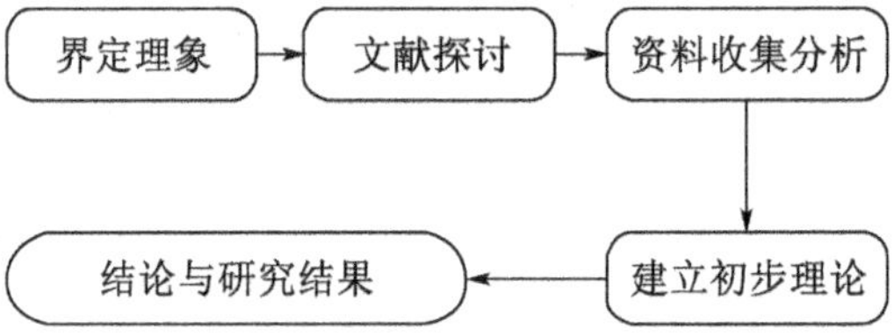

图 4-1　扎根理论的研究步骤

4.2 研究过程

4.2.1 被试选择

结合本书的研究目的，为了保证研究的科学性与严谨性，对于被试选择，应充分考虑到大学创新创业教育与企业创新发展的参与群体。因此，被试选择主要包括3个群体，分别是大学创新创业指导教师群体、科技型中小企业群体、在校大学生群体。为了增强研究的针对性和科学性，本书所言的“大学”是指本科及以上办学层次的普通高校，不包括高职高专类高校和军事院校等特殊类型的高校。

为使样本更加丰富且更能够反映大学生创新创业与企业创新发展之间影响因素的实际情况，访谈对象分布在不同大学和不同城市。在大学创业指导教师访谈对象选取方面，结合大学创新创业教育的发展情况及高校发展现状，选取了在4所不同层次的大学中进行。其中，中国矿业大学是教育部直属全国重点高校，上海理工大学是上海市市属高校，南京邮电大学和盐城师范学院是江苏省省属高校。这4所大学均不同程度地开展了大学生创新创业教育。在科技型中小企业访谈对象选取方面，主要选取了在5座较典型的城市中进行，包括上海市、苏州市、南京市、徐州市、兰州市。在不同经济发展水平的城市中选取不同样本，有助于更加全面了解不同层次、不同地区科技型中小企业的发展水平及现状。并且，大部分创业型企业已度过3年初创期，进入了平稳发展状态，保证了样本数据的科学性与代表性。受访企业情况，见图4-2。在大学生访谈对象选择方面，选取了3所不同层次大学的在校生进行。其中，东南大学为教育部直属重点大学、世界一流大学建设高校；中国矿业大学是教育部直属重点大学、世界一流学科建设高校；徐州工程学院是江苏省主管的普通本科高校。这3个高校的大学生，能够在学校驻地、生源质量、学校综合实力等不同方面都具有一定代表性。

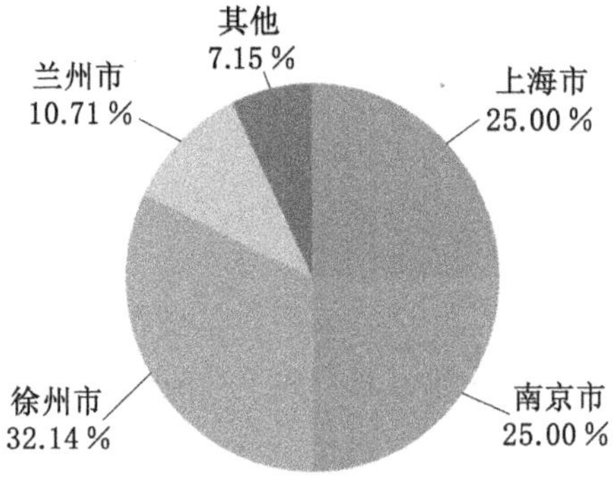

图 4-2　受访企业情况

4.2.2　访谈过程

访谈提纲是研究者根据研究目的设计的对受访者进行相关问题探索的工具，对访谈方向起决定性作用。本书采用访谈法中的半结构化访谈，将访谈问题设计为结构化程度不一的问题混合体，使受访者回答问题时更具有灵活性。为了在创业能力内涵模型建设上更丰富，本访谈包括低结构化部分和高结构化部分。其中，低结构化部分限定受访者结合创业经历分析自身创业动机；高结构化部分的一些特定信息来自全部受访者，这样方便基本信息的搜集，从而保证了大学生创业能力内涵的完整性。

为了使访谈具有一致性与连贯性，本书在访谈提纲设计时针对不同的访谈对象群体，设计的问题内容大致相同，以此听取不同群体对于同一访谈问题的不同看法（访谈提纲见附录 1）。

访谈者由本书作者及助手担任，在访谈开始前向受访者介绍访谈环节及注意事项，在征求受访者同意的情况下对访谈内容进行录音。

每例访谈完成后，研究人员结合现场记录和现场录音进行文字转录，最大限度地保证访谈内容的原始性，并回忆和描述受访者当时的非言语活动（肢体动作和表情）。经受访者确认信息记录无误后对数据进行文字转换与保存工作。将全部访谈信息转换为访谈文本后，对访谈过程中出现的非文本信息进行标注。访谈持续最长时间为 45 分钟，最短时间为

15 分钟,3 类访谈对象共计形成访谈文字 270 512 字。

4.3 访谈结果

4.3.1 扎根分析

4.3.1.1 开放编码

开放编码是指研究者抛开固有思维,以一种开放的思维模式广泛收集数据和信息,研究者需要尽量抛开个人所见,并对收集到的信息进行整理与汇总,在整理汇总的过程中,将资料按照原有状态进行编码,重新进行整合。在不断比较分析的基础上使分析结果更精准。在开放编码的过程中,应当注重对受访者原话的整理,尽可能做到理性和客观。

本书以大学创新创业教育与科技型中小企业创新发展影响因素为主线进行研究,对受访者音频资料进行文本整理,从 65 份样本中随机抽取 55 份样本并对这 55 份样本资料中被访谈的对象群体发表的评论和观点进行逐字逐句的整理,同时对信息量较少或者无效信息进行剔除,对剩下的有效信息内容参照施特劳斯提出的开放式编码基本准则进行开放式编码并贴标签,共得出概念化类属 31 个,见表 4-1。表 4-1 所述企业为“科技型中小企业”。

表 4-1 概念化类属统计表

序号	描述性文本	概念化类属
1	未来大学创新创业教育应当落实到课程教学之中; 普及性教育面向全体大学生开展创新创业教育,可供学生选择的课题偏少; 现在大部分学校大多开展了创新创业课程,课程建设上还是比较丰富的; 学院开展了创新创业教育课程,比如 SYB(START YOUR BUSINESS)创业培训、电子商务等,学院比较重视这方面; 要想创业,首先要有一定的创业知识,而这些知识的获得来源于创业课程教学	创新创业课程教学

表 4-1（续）

序号	描述性文本	概念化类属
2	大学创新创业教育应当与企业多加沟通交流，走出课堂，加强实际合作，不能局限于挂牌，而要有实际内容； 结合企业实际，让学生深入企业锻炼，对企业有个整体了解，对于学生成长有很好的作用； 若能够到企业中接触到一些最新项目，对学生来说很有帮助； 企业可以为高校提供更多实习实践平台； 学生可以到自己感兴趣的企业或者行业实习实践，了解行业的实际情况	实践学习
3	国家和学校都重视高校创业教育的发展，但是对教师没有指导性的配套措施，比如职称评定等； 在创业过程中，学校引导多以团委、学工管理工作为主，对技术不了解，另外专业老师介入少，企业介入较晚； 没有请一些有实践经验的企业家参与创新创业教育； 企业到一定阶段之后才可以提供支持，建立研究生工作站、实习、双聘创业导师、技术转移等	创新创业指导教师结构体系
4	目前高校创业教育发展势头不错，从领导到中层再到员工都很重视，体现为设置了教育政策，包括学生必修 6 学分，教师指导学生获奖在职称评审时根据学校加分； 学校要求学生有创业学分，一般是 2 个学分； 学校为创业学生提供场地、资金支持； 很多大学为在校期间创业的学生配备创业指导教师； 现在大学对于大学生创新创业资金的政策支持过于聚焦，不能让所有学生都受益	学校支持政策
5	创业教育要精细化、个性化、聚焦化、因人而异，应培养学生的创业意识； 学生对创新创业理解不够，大部分学生以为是要成为一个创业者，而教育大方向是具备这种意识，并与自身专业相结合； 学生认知不足，对创业重要性、必要性认识不足； 其实很多学生是有好思路的，但是没有意识到可以将其转化为创业项目	创业意识培养

表 4-1（续）

序号	描述性文本	概念化类属
6	大学创新创业教育意义不大，创业不在于引导，而在于素养的挖掘； 现在的创业学生思维活跃，脑洞大开； 当今大学生思维活跃，容易接受网络新生事物、传播新事物，从而产生创业想法； 整体环境比较好，能够发散学生思维，提升创新思维和实践能力	创业素养培养
7	很多大学生创业时都没有市场把握水平，也没有参加创业活动，仅凭一腔热血就创业，容易失败，应该提前积累经验，到有意向创业的行业内学习一段时间； 创业团队在很多方面没有经验，比如团队组建方面等； 大学生创业经验不足，比如管理、团队等方面，但是可以通过一些思维方式的培养进行弥补； 大学生创业的劣势是创业经验、人际交友等方面存在不足； 经验极度缺乏，人际关系往往处理不好； 大学生个人积累比较少，经验不足，所以考虑问题不全面	创业经验
8	以创业为基础的创新可能更有价值，在创业过程中也会有创新； 企业的长久发展要靠不断创新来实现； 学生的思维跳跃，可以有很多新点子，也有利于他们在项目上不断创新； 高校可以把企业家请到学校来和学生互动，提高学生创新意识	创新意识
9	作为团队领导者，积极与团队成员合作协商； 学生大多集中在校园中，没有太多接触社会的机会，对社会把握不足，人际交往能力比较弱，情商较低； 管理层精力分散，每个人都有自己的工作模式，磨合需要时间； 不仅要有创业点子，更要学会管理人、财、团队等，可以提出一些合适的激励政策	组织协调能力

表 4-1（续）

序号	描述性文本	概念化类属
10	对于创业者来说，最重要的是创业项目，如果没有一个比较好的项目，一切都是零； 高校可以为企业提供一些项目，由高校师生和企业共同完成，在完成的过程中高校也可以了解企业和市场的实际需求； 学生的一些项目是跟着学校老师的项目进行学习的，数量较少； 项目本身核心竞争力不够，容易被别人模仿； 教师更多考虑的是项目是否能完成，而非项目能否来创业； 大一、大二的同学有时间和精力，但是往往没有创业项目的经历，大三、大四的同学有创业项目，但是又没时间和精力	创业项目
11	在校大学生对专业和知识的把握停留在书本上，没有实践经验，不了解社会上的市场需求，项目不具有市场性； 现在学生局限于校园内，没有接触社会，对社会上的市场需求不了解，把握不了市场； 学生即使发现了市场机会，但不具备进入的实力，把握不了市场； 学生参加竞赛项目以获奖为目的，项目内容跟企业实际需求存在脱节，市场性较弱； 创业初期，公司实力较弱，想在市场“分得一杯羹”不是容易的事情	行业发展趋势
12	对于大学生来说，他们不具有任何的资本，因此在创业时也无所畏惧，初生牛犊不怕虎，比较有胆量和勇气； 对于创业者来说，坚持和毅力是非常重要的； 企业在发展的过程中，会有很多挫折，这就要求创业者要有很强的抗压能力； 创业者的抗压能力决定了企业是否能够坚持下去； 创业是需要创业者不断吃苦的过程，能坚持下来不容易	创业者品质
13	政府对企业的知识产权保护不够，阻碍创新； 对知识产权的认识水平很差，缺乏认识，而且学校对于知识产权的教育引导不够，认为这个应该从小培养； 国内对于顶尖技术的保护还不够； 教师有很多好的技术，但是有时容易因为利益驱动，而丢失了对技术的保护； 从学校层面来说，学生有好的想法或者创意，一旦说出来就容易被盗取，在技术上也是这样	技术保护政策

表 4-1（续）

序号	描述性文本	概念化类属
14	我们国家对于创新创业的政策支持力度很大，所以大学生愿意创业； 无论是中央政府还是地方政府，对于大学生创业有很多支持政策且支持力度比较大； 这几年，国家出台了很多支持创业的政策； 政府在税收、创业启动资金方面对于大学生创业者有很多倾向政策； 因为地域的限制，人才往往向大城市流动，对小城市的创新创业支持政策不够	国家政策支持
15	要有起始资金（步入正轨前要有自己的资金）； 资金缺乏，主要是缺乏资金获取渠道；家人和亲友对创业的质疑，会带来一些压力； 大学生创业初期都会遇到缺钱、缺场地等问题； 大学生虽然有闯劲儿，但是往往缺乏启动资金，创业项目容易夭折； 创业是很有想法的人的选择，但是在实际操作中，没有资金，很难做下去	初创资金
16	学校有很多优秀的专业老师，大学生目前专业知识还不够丰富，也缺乏前沿的专业老师的指导； 学生学到的知识很多还是停留在 10 年前，教材没有更新，跟不上社会发展的实际变化； 有一些专业有一定局限性，导致学生的知识结构太差； 教师即使知道最新最前沿的技术知识，但是考虑到学生的接受水平，在实际教学中也不一定给学生传输，导致学生缺乏对先进知识的学习	专业知识素养
17	国家最近都在提倡对传统文化教育的培养，对于企业家来说，这种知识的学习也不可或缺； 创业者在与别人交流时，可以将传统文化教育作为一个探讨的话题，这样更容易与别人熟络起来； 传统文化中有很多适用于培养情怀的内容可以学习； 很多初创企业缺乏社会责任感，源于学校对他们的传统文化教育力度不够	传统文化教育

表 4-1（续）

序号	描述性文本	概念化类属
18	目前大学创新创业教育是打补丁模式，在教育思维、教育模式、管理模式上存在问题； 现在的创新创业教育往往局限于理论的传授，实际的创业模拟比较少	创新创业教育培养模式
19	对于大学生来说，有很多资源可以利用，比如学校资源、社会资源、指导教师资源等，但还没有利用起来； 学校的外部平台做得不够，可以尝试“企业家俱乐部”这样的平台，以便有更丰富的资源； 高校学生实践性不足，无法直接接触社会，缺少社会力量资源； 大学生在资金资源、行业资源、人脉资源等方面配置不足； 大学生获得社会支持的途径较少，缺乏资源	资源整合与利用
20	高校培养的学生多是以专业理论知识为基础的理论型大学生，而真正具有企业家精神的大学生较少； 现在都在提工匠精神，对于创业者来说，应该具有企业家精神； 企业家精神是创业型企业发展的核心和根本； 创业者决定了企业的发展方向，没有大的格局，没有企业家精神，不利于企业的长久发展	企业家精神
21	企业选择与高校合作是因为想借着高校的知名度来提升企业的知名度，而一些高校不具备知名度，因此有些企业不愿意与一些高校合作； 企业通过为教育提供资金支持，比如设立奖学金，来提升企业形象，获得学生认可	品牌塑造
22	企业选择高校合作是因为高校可以为企业提供技术上的支持，为企业带来技术上的突破与创新； 高校要为企业提供技术等方面的指导，但是应该是关键时刻指导，而不是全程指导； 高校老师具有技术上的优势，可以为企业带来技术上的支撑； 科技型企业的发展，需要在技术上不断创新，在这方面可以依托高校来完成； 高校可以根据企业技术的实际需要，成立研发团队，或者举办相关的比赛，来满足企业技术的需要	技术支撑

表 4-1（续）

序号	描述性文本	概念化类属
23	高校可以为企业提供人才上的支持，从而满足企业发展的需要； 高校可以根据企业需求，短平快地培养企业所需人才，高校通过高效培养社会需要的人才，从而增强企业竞争力，增强对接度和吻合度，但完全吻合还需要企业的针对性培养（在学校基础培养之上），增强校企合作和联合培养水平，可通过企业家进课堂等方式实现； 现在企业虽然人很多，但是缺少技术型人才； 企业里人员配备不够，尤其在管理层略有欠缺； 不同省份、城市区域存在差异，高校培养与社会需求存在差异，毕业生职业能力有待提升； 高校培养的人才其实不一定满足企业的实际需求	人才支撑
24	一些高校没有与企业对接的较为完善的体系，缺乏有效长久的机制； 高校可以到地方设研究院，使企业能在本地享用高校资源； 高校在技术和人才方面具有优势，企业在资源整合上具有优势，所以高校可以和企业对接，做一些项目； 高校和企业之间合作不顺畅，原因在于对接机制不完善； 很多企业，尤其是中小型企业，不知道如何联系高校，而高校有时也看不上中小企业，所以应当健全对接机制，提高对接效率	对接机制
25	教师专利很多，但转化意识很差，没有充分地被利用到市场中； 尝试人才互聘，促进科研成果转化； 加强校企合作，将教师的专业技术转化为生产力； 专业性的东西转化为企业成果，对于教师来说成本太高，不易实现，需要联系企业促进科研成果转化； 通过与企业联系，提高高校的科研针对性，让高校的知识产权往更有价值的方向转化	专业成果转化

表 4-1（续）

序号	描述性文本	概念化类属
26	企业可以为高校提供参观交流的平台，为学生提供实习岗位，让学生真实了解企业的运行情况； 企业可以为高校提供研究生工作站、小企业研究中心等平台载体，加强校企间的科研创新合作； 大学创新创业实践教学需要企业提供实践平台； 再多的理论知识最终通过实际运用才能创造价值，因此企业如果能够提供实践平台来为大学生提供锻炼的话，会对知识价值创造有很大的帮助	企业实践平台
27	校企合作、实习实践教育基地、创业基地、企业课题对接、创业资金支持、校企合作表彰奖励做出实效的个人团队、大力宣传优秀人才项目，这些做法对个人成长和学校文化氛围的形成都有很好的促进； 校企合作的文化氛围一旦形成了，后期的对接开展也就顺畅了许多	校企合作文化氛围
28	现在的创业指导教师自身没有创业经验，局限于理论知识，所教授的内容不接地气； 学校配备的很多创业指导教师知识体系不够健全； 创业指导教师大多为学校的专业老师，只有专业上的知识，对于创业知识了解不够，不能对学生进行有效指导； 在学生实际创业过程中，学校的创业指导教师并不能给予有效指导； 创业者应该具备广阔的知识视野，创业指导教师更应如此	创新创业指导教师知识体系
29	学生创业是因为看到了市场前景； 对市场认知不明确，做出的判断往往与真实情况差距很大； 学生看到的市场机会，往往是别人已经在做的项目，所以整体晚了一步； 在校学生受到眼界的限制，不太容易发现潜在的市场机会，错失良机； 有些创业者发现了所谓的市场机会，但其实这个机会是别人在实践中已经淘汰的	市场机会识别

表 4-1（续）

序号	描述性文本	概念化类属
30	学校在学生参加创业类比赛时会为其提供一定的资金支持，但比赛结束后就没有了后续资金，项目无法持续运行； 学校提供的项目资金只能够做学术研究，对于项目运行所需要的资金，远远不够； 大学生创业时，家庭会提供一部分的起始资金支持，但是在项目运行后，很少有家庭继续提供运行资金支持； 企业风投在短期内如果看不到投入资金的回报，往往会撤销投资，不再提供项目的运行资金	后续融资
31	学校创新创业教育偏重理论，几乎不存在实践模拟类教学，创新创业教育大多停留在书本上； 学校应该增设沙盘模拟、企业实际运营模拟等课程设置，让学生对企业的实际运营有一个宏观把握； 现在很多高校开设了创业教育学院，要以其为载体，完善模拟企业运营课程的设置，将创新创业教育落到实处； 实践是检验真理的唯一标准，学校组织每一名学生深入企业实习是不现实的，但开设企业模拟的课程还是非常有必要的	学校实践模拟

4.3.1.2 主轴编码

主轴编码（又称“关联式登录”或“轴心登录”）是对开放编码过程中已登录的类属进行联系构建的过程，这一过程可为数据资料中的各部分建立有机关联。在关联建立的过程中，研究者根据访谈内容，综合考虑受访者在访谈过程中的肢体动作、表情、受访者所处的社会文化环境，对每一个类属进行深度分析。通过不断深入分析，各类属间的关系也将逐渐清晰，主要类属及次要类属也更明确。

根据表 4-1 中的 31 个概念化类属，分析各概念化类属之间存在的关系，得到创新创业指导教师、学生创新创业素养、市场、资金、科学技术、资源共享、专业知识、实践技能、制度设计、机制完善等 10 个范畴化类属。各类属关系范畴见表 4-2。

表 4-2 各类属关系范畴

核心类属	范畴化类属	概念化类属
人才	创新创业指导教师	创新创业指导教师结构体系、创新创业指导教师知识体系
	学生创新创业素养	创业意识培养、创业素养培养、创业经验、创新意识、组织协调能力、企业家精神、人才支撑、创业者品质
资本	市场	行业发展趋势、市场机会识别
	资金	初创资金、后续融资
技术信息	科学技术	创业项目、技术支撑、专业成果转化
	资源共享	资源整合与利用、品牌塑造、企业实践平台
知识	专业知识	创新创业课程教学、专业知识素养、创新创业教育培养模式、传统文化教育
	实践技能	企业实践学习、学校实践模拟
政策	制度设计	技术保护政策、学校支持政策、国家支持政策
	机制完善	校企对接机制、校企合作文化氛围

4.3.1.3 选择性编码

选择性编码(又称“核心式登录”或“选择式登录”)是对已分析的概念类属进行“核心化”的一个过程,即对已概念化的类属进行较宽范围归类的过程。核心类属通常可将概念类属的大部分内容进行囊括,并频繁地出现在资料中,在与其他类属的关联上较为密切,内容上较为丰富。根据概念化类属、范畴化类属的整合与分析,可得到人才、资本、技术信息、知识、政策等 5 项核心类属。选择性编码分析结果,见表 4-3。

表 4-3 选择性编码分析结果

关系结构的内涵	典型关系结构	核心范畴
高校创新创业指导教师,能够正向促进科技型中小企业创新发展; 科技型中小企业负责人担任创新创业指导教师,能够正向促进大学创新创业教育发展; 高校培养学生具有较好的学生创新创业素养,能够正向促进科技型中小企业创新发展; 科技型中小企业对毕业生具有学生创新创业素养的要求,能够正向促进大学创新创业教育发展	高校人才←→企业人才	大学创新创业教育与科技型中小企业影响因素
大学创新创业教育重视对学生进行创业市场引导,能够正向促进科技型中小企业创新发展; 科技型中小企业重视学生市场能力的需求,能够正向促进大学创新创业教育发展; 大学创新创业教育重视对学生进行资金需求的引导,能够正向促进科技型中小企业创新发展; 科技型中小企业重视学生资金能力的需求,能够正向促进大学创新创业教育发展	高校资本←→企业资本	
大学创新创业教育重视对学生进行科学技术引导,能够正向促进科技型中小企业创新发展; 科技型中小企业重视学生科学技术能力的需求,能够正向促进大学创新创业教育发展; 大学创新创业教育重视对学生进行资源共享的引导,能够正向促进科技型中小企业创新发展; 科技型中小企业重视学生资源共享的需求,能够正向促进大学创新创业教育发展	高校技术信息←→企业技术信息	
大学创新创业教育重视对学生进行专业知识教育,能够正向促进科技型中小企业创新发展; 科技型中小企业重视学生专业知识的需求,能够正向促进大学创新创业教育发展; 大学创新创业教育重视对学生进行实践技能培养,能够正向促进科技型中小企业创新发展; 科技型中小企业重视学生实践技能的需求,能够正向促进大学创新创业教育发展	高校知识←→企业知识	
大学创新创业教育重视创新创业制度完善,能够正向促进科技型中小企业创新发展; 科技型中小企业重视创新创业制度完善,能够正向促进大学创新创业教育发展	高校政策←→企业政策	

4.3.2 理论饱和度

为了保证理论构建的饱和度，同时也为了确定何时停止采样合适，本书使用理论饱和度检验作为评判标准。研究中，从65份样本中随机抽取55份样本进行研究，对剩下的10份样本按照扎根理论的逐级编码分析方法进行分析，得到的结果符合大学创新创业教育与科技型中小企业创新发展所表现出的影响因素。结合前55份得到的数据分析结果，没有发现新的要素，因此认为本书建立的理论模型是饱和的。

为了保证数据分析的客观性，本书数据分析工作由三名小组成员共同完成。仿照Miles和Huberman定性数据分析中编码者信度的计算方法可得：在一级编码即开放式编码中，三人译码结果的一致率高达85.82%，两两一致率分别为87.32%、85.92%和85.12%。因此，分析结果表明由扎根理论得到的大学创新创业教育与科技型中小企业创新发展影响因素结构稳定，结构信度较好。对于个别关联范畴有争议的指标，小组成员在充分讨论以及参考相关文献后也达成了一致。访谈信度检验，见图4-3。

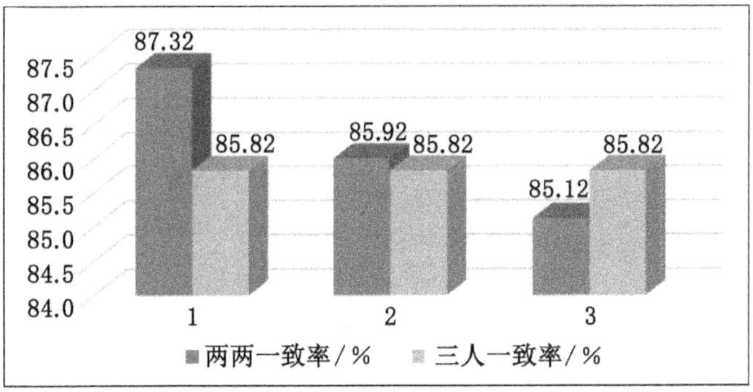

图4-3 访谈信度检验

4.4 模型构建

通过对65份有效访谈报告进行数据整合,共提取概念化类属31项、范畴化类属10项、核心类属5项,最终将人才、资本、技术信息、知识、政策等5个因素确定为大学创新创业教育与科技型中小企业创新发展的影响因素。

人才因素方面主要包括创业指导教师和学生创新创业素养两个要素。具体来看,大学创业指导教师要素是指企业负责人到大学担任创业指导教师或大学邀请企业负责人到校担任创业指导教师。大学创业指导教师要素可用以研究其对大学创新创业教育和科技型中小企业创新发展之间的相互影响情况。学生创新创业素养要素是指大学培养出的毕业生是否满足科技型中小企业创新发展的需求或科技型中小企业对大学毕业生的人才需求。学生创新创业素养要素可用以研究其对大学创新创业教育和科技型中小企业创新发展之间的相互影响情况。

资本因素方面主要包括市场和资金两个要素。具体来看,市场要素是指大学培养的学生是否具备了解市场需求的水平或科技型中小企业创新发展对市场的把握程度。市场要素可用以研究其对大学创新创业教育和科技型中小企业创新发展之间的相互影响情况。资金要素是指大学生在进行创新创业时所需的来自大学或科技型中小企业的资金支持情况,或科技型中小企业创新发展过程中对大学生、大学科研团队、公司研发团队的资金投入情况。资金要素可用以研究其对大学创新创业教育和科技型中小企业创新发展之间的相互影响情况。

技术信息因素方面主要包括科学技术与资源共享两个要素。具体来看,科学技术要素是指大学可以为科技型中小企业创新发展提供必要的技术支撑,或科技型中小企业创新发展需要大学科研团队提供技术指导。科学技术要素可用以研究其对大学创新创业教育和科技型中小企业创新发展之间的相互影响情况。资源共享要素是指大学创新创业教育发展需要科技型中小企业等社会资源的支持从而打造大学创新创业教育品牌,或科技型中小企业创新发展需要大学的实验室、科研团队、前沿技术等资源作为指导。资源共享要素可用以研究其对大学创新创业教育和科技型中小企业创新发展之间的相互影响情况。

知识因素方面主要包括专业知识和实践技能两个要素。具体来看，专业知识要素是指大学对学生进行专业知识教育，使学生具备企业所需的专业知识，或科技型中小企业创新发展需要大学的专业知识作为支撑。专业知识要素可用以研究其对大学创新创业教育和科技型中小企业创新发展之间的相互影响情况。实践技能要素是指大学对学生的培养需要到企业实践学习或进行校内创新创业项目实践，或科技型中小企业创新发展需要与大学联合，为学校创新创业教育提供实习实践基地等。实践技能要素可用以研究其对大学创新创业教育和科技型中小企业创新发展之间的相互影响情况。

政策因素方面主要包括制度设计和机制完善两个要素。具体来看，制度设计要素是指大学创新创业教育发展离不开对整体的制度设计，作为大学创新创业教育发展的政策，应能够更好地指导、促进大学创新创业教育发展，或科技型中小企业创新发展需要充分落实国家、政府对科技创新发展的相关政策。制度设计要素可用以研究其对大学创新创业教育和科技型中小企业创新发展之间的相互影响情况。机制完善要素是指大学创新创业教育需要营造较好的校企合作文化氛围，搭建校企合作对接机制，从而促进大学创新创业教育发展，或科技型中小企业创新发展需要不断营造较好的校企合作文化氛围，主动寻求校企合作对接机制。机制完善要素可用以研究其对大学创新创业教育和科技型中小企业创新发展之间的相互影响情况。

在研究中发现，很多指标因素存在重合区，所有指标并不是独立于其他指标而存在的，相反，是相互促进、相互作用的结果。另外，上述五项核心类属之间也存在一定的相互关系。

4.5 研究假设

在对已有文献进行回顾和梳理的基础上，结合由扎根理论所得到的研究结果，总结出 5 个方面可能存在的影响因素，分别为人才因素、资本因素、技术信息因素、知识因素和政策因素。第一，大学创新创业教育的主要产出是人才，而人才是企业创新发展的关键成功因素和重要推动力量。基于现有文献和扎根理论的研究成果可发现，创业指导教师和学生创新创业素养是影响高校和企业合作发展的两个重要方面。由于企业创新发展与大学创新创业教育可以促进校企之间合作的升级，因而有必要考虑这两个方面的影响。第二，资本投入有利于高校和企业协同构建更高起点的合作平台，能够更好地全方位提升大学生的综合素质，能够更为多元化地满足企业需求。根据利用扎根理论的研究结果可以发现，资本因素包括市场和资金这两个要素，因而有必要将这两个要素也纳入考虑的范畴。第三，技术信息因素包括科学技术和资源共享两个要素，前者指企业的创新技术水平，通常意义上企业创新能力是指企业在多大程度上能够系统地完成与创新有关各项活动的能力；后者是校企之间交流与合作的依托，因而也有必要进行考虑。第四，知识因素包括专业知识和实践技能这两个要素。前者主要是指大学生通过一段时间的学习所获得的各项认识、掌握的技能，参与各种活动的经历以及形成的各类信念，后者主要是指学生所掌握的各类实践技能。第五，由于企业创新发展和大学创新创业教育还未到达成熟阶段，其影响过程的有效、稳定和可持续需要相关政策机制来进行保障。因此，有必要考虑政策这一因素所包含的制度设计和机制完善这两个要素。此外，考虑到各影响因素相互之间还存在一定的影响效应，在对文献进行总结的基础上，还要考虑各影响因素之间的交互关系。

综上，可做出 18 个研究假设，并可绘制出大学创新创业教育和科技型中小企业创新发展影响机理理论模型（见图 4-4）。

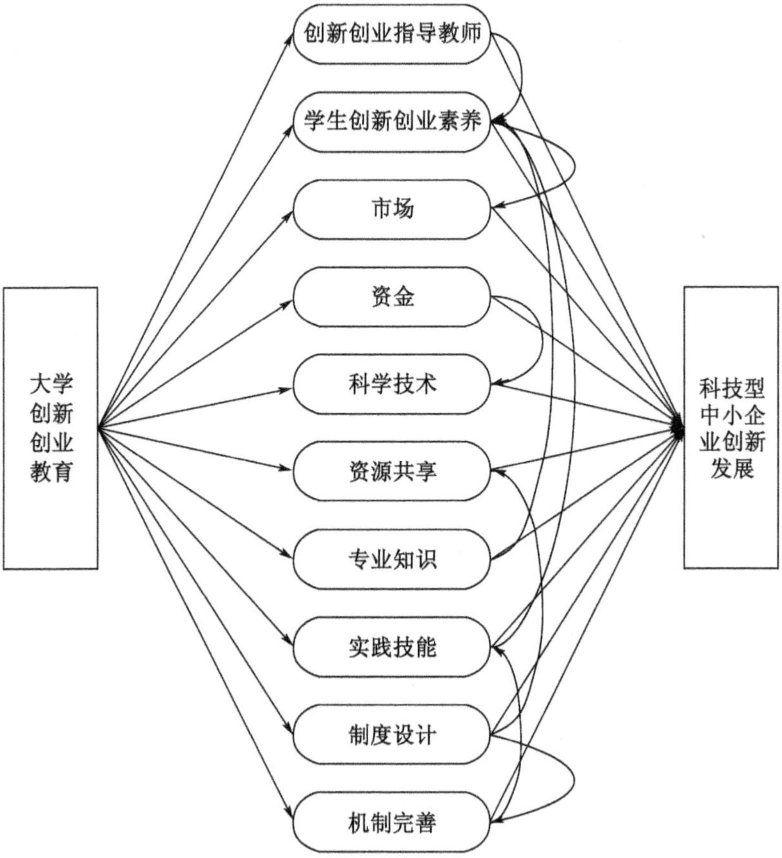

图 4-4　大学创新创业教育和科技型中小企业创新发展影响机理理论模型

H1:大学创新创业教育通过创业指导教师直接作用于科技型中小企业创新发展。

H2:大学创新创业教育通过学生创新创业素养直接作用于科技型中小企业创新发展。

H3:大学创新创业教育通过市场直接作用于科技型中小企业创新发展。

H4:大学创新创业教育通过资金直接作用于科技型中小企业创新

发展。

H5:大学创新创业教育通过科学技术直接作用于科技型中小企业创新发展。

H6:大学创新创业教育通过资源共享直接作用于科技型中小企业创新发展。

H7:大学创新创业教育通过专业知识直接作用于科技型中小企业创新发展。

H8:大学创新创业教育通过实践技能直接作用于科技型中小企业创新发展。

H9:大学创新创业教育通过制度设计直接作用于科技型中小企业创新发展。

H10:大学创新创业教育通过机制完善直接作用于科技型中小企业创新发展。

H11:创新创业指导教师能够帮助大学创新创业教育通过学生创新创业素养间接作用于科技型中小企业创新发展。

H12:学生创新创业素养能够帮助大学创新创业教育通过市场间接作用于科技型中小企业创新发展。

H13:资金能够帮助大学创新创业教育通过科学技术间接作用于科技型中小企业创新发展。

H14:专业知识能够帮助大学创新创业教育通过学生创新创业素养间接作用于科技型中小企业创新发展。

H15:实践技能能够帮助大学创新创业教育通过学生创新创业素养间接作用于科技型中小企业创新发展。

H16:制度设计能够帮助大学创新创业教育通过资源共享间接作用于科技型中小企业创新发展。

H17:机制完善能够帮助大学创新创业教育通过实践技能间接作用于科技型中小企业创新发展。

H18:制度设计能够帮助大学创新创业教育通过机制完善间接作用于科技型中小企业创新发展。

4.6 本章小结

本章首先介绍了质性分析方法扎根理论。扎根理论以原始数据为根基，以经验事实为依据，以构建科学的理论框架为目标，通过多次比较，反复检查和确认，克服了其他质性研究的不规范性，是质性研究中权威、规范、科学的理论研究方法之一。扎根理论研究方法的核心是资料收集与分析的过程，该过程既包含理论演绎又包含理论归纳。扎根理论研究方法主要包括研究问题的提出、数据收集、数据处理以及理论构建等 4 个步骤。

结合本书研究目的，为了保证研究的科学性与严谨性，对于被试的选择，应充分考虑到大学创新创业教育与企业创新发展的参与群体。因此，被试选择主要包括 3 个群体，分别是大学创新创业指导教师群体、科技型中小企业群体、在校大学生群体。本书采用访谈法中的半结构化访谈，将访谈问题设计为结构化程度不一的问题混合体，使受访者回答问题时更具有灵活性。为了使访谈具有一致性与连贯性，在访谈提纲设计时针对不同访谈对象群体，设计的问题内容大致相同，以此听取不同群体对于同一访谈问题的不同看法。

基于所得到的访谈资料，通过对 65 份有效访谈报告进行数据整合，共提取概念化类属 31 项、范畴化类属 10 项、核心类属 5 项，最终将人才、资本、技术信息、知识、政策等 5 个因素确定为大学创新创业教育与科技型中小企业创新发展的影响因素。

最后，基于上述影响因素提出了本书的 18 个研究假设，绘制了大学创新创业教育和科技型中小企业创新发展影响机理理论模型。

5

大学创新创业教育与科技型中小企业创新发展影响因素量表设计与分析

在借鉴大学创新创业教育发展相关研究量表和科技型中小企业创新发展相关研究量表的基础上，结合大学创新创业教育发展和科技型中小企业创新发展二者间影响因素的访谈内容统计结果，对量表进行开发、设计与检验。

5.1 研究量表的设计与开发

目前针对大学创新创业教育与科技型中小企业创新发展影响因素研究的成熟量表并不多，本书研究量表的初始题目生成主要来源于两个方面。一方面，在借鉴大学创新创业教育发展相关研究量表和科技型中小企业创新发展的相关研究量表的基础上，结合本书利用扎根理论研究方法分析关于大学创新创业教育与科技型中小企业创新发展影响因素的访谈内容数据结果，根据大学创新创业教育发展和科技型中小企业创新发展的实际情况，对量表进行修正和改进。此外，通过研读回顾国内外相关研究文献，获取关于大学创新创业教育与科技型中小企业创新发展影响因素的相关研究变量及相应的概念表述，整理出相关可用的量表测量表述。另一方面，根据研究变量的概念界定，对量表进行操作化定义，结合本书利用扎根理论研究方法分析影响因素内容及专家咨询结果，对研究量表进行自行开发设计。

初始题目生成之后，本书研究组先后邀请校内外 7 名专家、5 名大学创新创业教育工作人员、5 名大学生和 3 名企业负责人对量表的初始题目进行探讨。其中，专家咨询访谈主要是探讨量表中变量的选择、变量的概念化界定和操作化定义，以及具体指标题项的设计是否合理有效。与大学创新创业教育工作人员、在校大学生和企业负责人的咨询访谈主要是为探讨确定本书所选变量是否为大学创新创业教育和科技型中小企业创新发展的过程中比较看重的，具体指标题项的设计是否符合大学创新创业教育和科技型中小企业创新发展的实际情况，以及量表语言的表述是否通俗易懂。本书研究组邀请 3 名专家从理论意义与实践意义两个方面，对量表的整体结构效度和内容效度进行评估，从而完成大学创新创业教育与科技型中小企业创新发展影响因素研究的初试调查问卷（见附录 2）。初始量表构成，见表 5-1。量表采用的是李克特 10 分等级测度，1～10 分分别代表从“非常不好”到“非常好”的不同程度的回答。

表 5-1　初始量表构成

测试部分	研究变量	维度或因素	对应题项
第一部分	大学创新创业教育	大学创新创业教育经费投入	Q1-1
		大学创新创业教育硬件设施投入	Q1-2
		创新创业教育师资队伍建设	Q1-3
		创新创业课程建设完善程度	Q1-4
		大学毕业生的创新创业意识	Q1-5
		大学毕业生的创新创业能力	Q1-6
		大学创新创业教育的氛围	Q1-7
		大学创新创业教育成果转化情况	Q1-8
		大学统筹社会资源	Q1-9
	科技型中小企业创新发展	科技型中小企业内部管理能力	Q2-1
		技型中小企业文化品牌塑造水平	Q2-2
		科技型中小企业产品或服务竞争力	Q2-3
		科技型中小企业技术创新能力	Q2-4
		科技型中小企业统筹社会资源能力	Q2-5
第二部分	人才	创业指导教师	Q3～Q4
		学生创新创业素养	Q5～Q7
	资本	市场	Q8～Q9
		资金	Q10～Q11
	技术信息	科学技术	Q12～Q14
		资源共享	Q15～Q16
	知识	专业知识	Q17～Q19
		实践技能	Q20～Q21
	政策	制度设计	Q22～Q24
		机制完善	Q25～Q26

表 5-1（续）

测试部分	研究变量	维度或因素	对应题项
第三部分	社会人口学变量	职业	Q27
		工作单位	Q28、Q31、Q36
		工作年限（年级）	Q29、Q32、Q37
		职位	Q30
		工作内容（学习内容）	Q33、Q34、Q35、Q39、Q40、Q41
		专业	Q38

5.1.1 关于发展现状的题目设计

本书调研所用问卷的第一部分是针对大学创新创业教育和科技型中小企业创新发展情况的调查，通过参考大学创新创业教育、科技型中小企业创新发展已有的研究问卷进行该部分的问卷设计，并结合实际情况进行修改。第一部分共有 2 道大题，14 道小题。其中，涉及大学创新创业教育方面的共计有 9 道题目，包括大学创新创业教育经费投入、大学创新创业教育硬件设施投入、创新创业教育师资队伍建设、创新创业课程建设完善程度、大学毕业生的创新创业意识、大学毕业生的创新创业能力、大学创新创业教育的氛围、大学创新创业教育成果转化情况、大学统筹社会资源等 9 个方面；涉及科技型中小企业创新发展的共有 5 道题目，包括科技型中小企业内部管理能力、技型中小企业文化品牌塑造水平、科技型中小企业产品或服务的竞争力、科技型中小企业技术创新能力、科技型中小企业统筹社会资源能力等 5 个方面。

5.1.2 关于二者间影响因素的题目设计

第二部分主要是针对前期对大学创新创业教育与科技型中小企业创新发展影响因素进行分析得出的结论，对 5 个影响因素进行分别测量，该部分共有 24 道题目，测量相关要素的现有情况。① 人才因素包括创新创业指导教师和学生创新创业素养两个要素，创新创业指导教师要素涵盖创业指导教师和创业机会，学生创新创业素养要素涵盖大学创业意识培养、创新创业能力、企业家精神培养，该部分共计 5 道大题。② 资本因素主要包括市场和资金两个要素，市场要素涵盖行业发展趋势、市场竞争环境，资金要素涵盖初创资金支持力度、后续融资支持情况，该部分共计 4 道大题。③ 技术信息因素主要包括科学技术与资源共享两个要素，技术要素涵盖为大学生提供创新创业训练项目数量、为大学生创新创业活动提供技术指导、科技成果转化，资源要素涵盖资源整合利用、实习实践平台，该部分共计 5 道大题。④ 知识因素主要包括专业知识和实践技能两个要素，专业知识要素涵盖专门的创新创业课程教育、专业知识教育、传统文化教育，实践技能要素包括企业实习实践、校内模拟实践，该部分共计 5 道大题。⑤ 政策因素主要包括制度设计和机制完善两个要素，制度设计要素涵盖相关政策宣传、政策制定、政策落实，机制完善要素涵盖校企合作对接机制、校企合作文化氛围，该部分共计 5 道大题。

5.1.3 关于社会人口学变量的题目设计

该问卷主要面向大学教师、在校大学生、科技型中小企业负责人发放，因此第三部分主要是对受访群体进行基础信息统计，如具体职业是什么。其中，对科技型中小企业负责人基本信息统计主要包括所在企业所属行业类别、工作年限、岗位类别等方面；对大学教师基本信息统计主要包括所在高校、工作年限、是否参与过大学生创新创业教育相关工作、是否担任过大学生创新创业教育指导教师、是否指导过大学生创新创业项目等方面；对在校大学生基本信息统计主要包括所属高校、所在年级、所学专业、是否接受过专门的创新创业课程教育、是否参加过创新创业训练项目、是否有过创新创业实践经历等方面。第三部分共 15 道题目。

5.2 调研过程和样本概况

5.2.1 调研过程

为了保证问卷调研过程的科学性与严谨性，结合前期开展的深入访谈工作，首先，对大学创新创业教育与科技型中小企业创新发展这两个系统的参与主体进行了深入细致的分析，选择了在校大学生、大学教师和科技型中小企业负责人这 3 个被试群体。

在校大学生、大学教师是大学创新创业教育的重要组成部分，这 2 个被试群体能够从学生和教师两个角度反映大学创新创业教育的现实情况和发展需求。科技型中小企业负责人是科技型中小企业的带头人，通过这个群体能够全面了解企业的创新发展现状和对大学人才的实际需求。

众所周知，学校办学的层次不同，创新创业教育的现状和需求也存在着较大的差别。为使问卷调研的样本能够更加丰富，且能够更加客观地反映大学创新创业教育与科技型中小企业创新发展之间影响关系，大学的样本选择理应全面。问卷调研选取的大学是位于华东地区的中国矿业大学、徐州工程学院、东南大学这 3 所大学。这 3 所高校相对全面地代表了目前普通高等本科院校的不同层面。

目前科技型中小企业的类别比较丰富，为了能够更加全面地了解科技型中小企业的发展现状，本书把调研样本进行了地区和类别的拓展，调研地区包括同样处在华东地区的上海市、南京市、徐州市、杭州市和苏州市等多个城市，调研企业的类别包括电子信息技术类、生物与新医药技术类、新能源及节能技术类、新材料技术类、资源与环境技术类、航空航天技术类、高新技术服务类和高新技术改造传统产业类及其他类等 9 个类别。

问卷调研是收集研究数据的重要研究方法，将直接决定研究的最终结果。问卷调研采用了问卷星进行了线上调研，避免了在数据转录过程中的遗失及转录错误的情况，尽可能保证了数据收集的准确性。

为了使受访者能够基本了解此次调研的基本情况，首先向受访者进行了简要的介绍：本次调查是一项学术研究活动，旨在了解我国大学创新创业教育与科技型中小企业创新发展两者之间的关联性和相互作用情况，答案没有对与错，请选择最接近您的看法的答案，您的回答对我们的研究非常重要，本书不会用于任何商业目的，请您放心填写。受访者根据自己的看法进行问卷题项的选择，问卷的题项为 10 分等级测度，1～10 分分别代表从"非常不好"到"非常好"的不同程度的回答。

5.2.2 样本概况

问卷数据收集结束以后，研究者在问卷星上导出问卷调研的最终数据，共收集数据 2 130 份，其中科技型中小企业负责人 265 份（占 12.44%），大学创新创业指导教师 243 份（占 11.41%），在校大学生 1 622 份（占 76.15%）（见图 5-1）。问卷数据较为丰富，保证了研究结果的准确性和有效性。

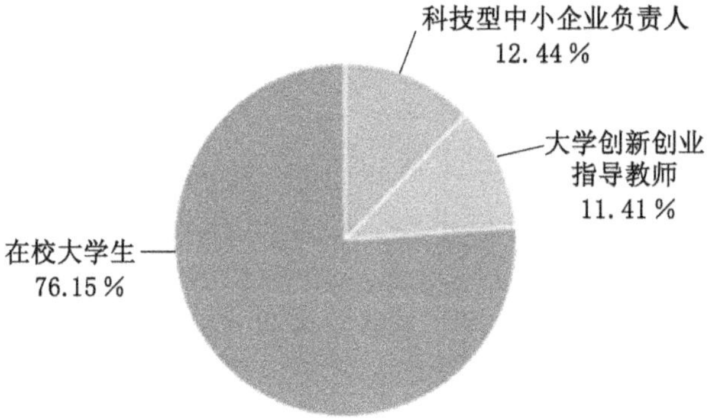

图 5-1　调研样本概况

企业调研样本分布，见图 5-2。

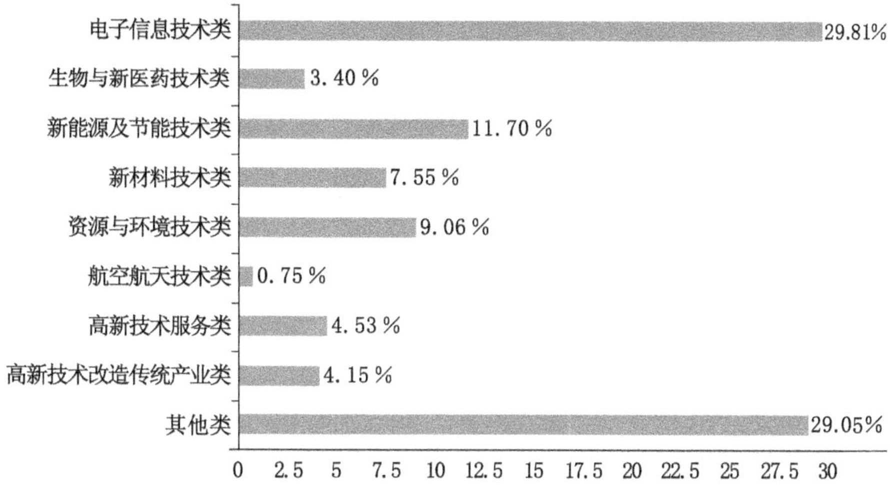

图 5-2　企业调研样本分布

创新创业指导教师调研样本分布见图 5-3。

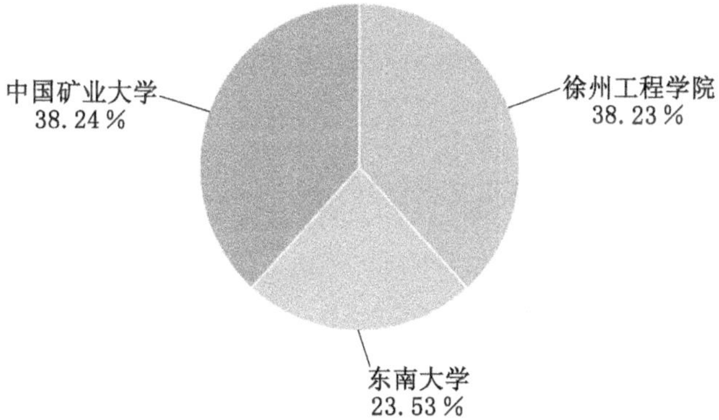

图 5-3　创新创业指导教师调研样本分布

受访的在校学生分布在中国矿业大学、徐州工程学院、东南大学等 3 所高校，包含了本科学生 4 个年级和研究生，具体样本分布见图 5-4 和图 5-5。

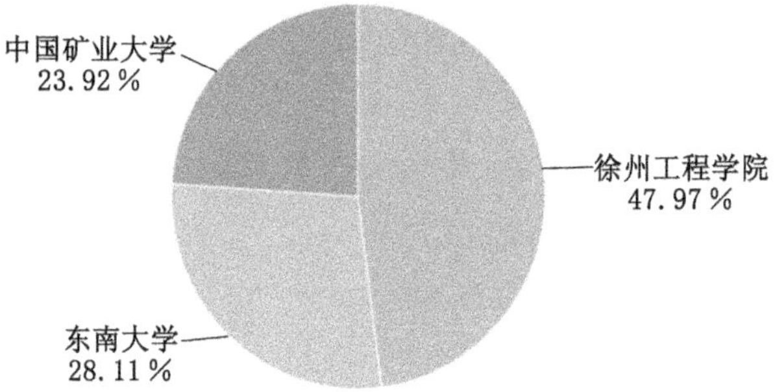

图 5-4　学生调研样本高校分布

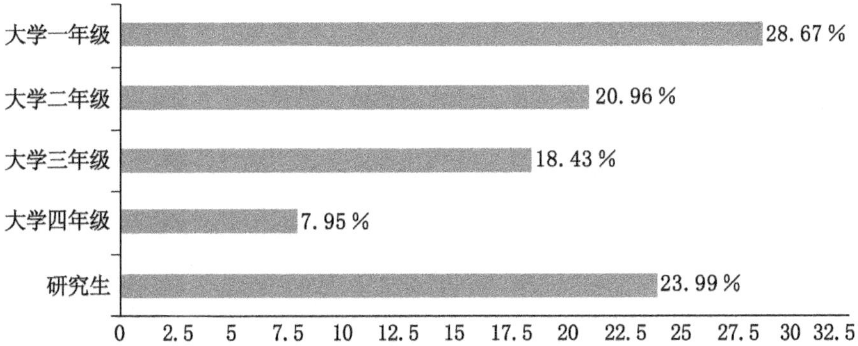

图 5-5　学生调研样本年级分布

5.3　正式量表检验与分析

5.3.1　正态性检验

本书量表数据的后续分析需要用到结构方程模型，而在实施结构方程模型分析之前，需要确定待分析数据是否符合正态分布，即需要对量表数据进行正态性检验。本书运用 SPSS 统计分析软件对各变量等分量表进行正态性检验，具体分析结果见表 5-2。各题项的偏度和峰度系数绝对值均小于 2，符合正态性检验标准，量表数据近似符合正态分布。

表 5-2　量变的正态性检验结果

题项	偏度		峰度		题项	偏度		峰度	
	统计量	标准误	统计量	标准误		统计量	标准误	统计量	标准误
Q1-1	−0.454	0.063	−0.029	0.125	Q11-1	−0.539	0.063	0.032	0.125
Q1-2	−0.367	0.063	−0.153	0.125	Q11-2	−0.500	0.063	0.139	0.125
Q1-3	−0.311	0.063	−0.171	0.125	Q12-1	−0.559	0.063	0.167	0.125
Q1-4	−0.320	0.063	−0.219	0.125	Q12-2	−0.499	0.063	0.024	0.125
Q1-5	−0.278	0.063	−0.243	0.125	Q13-1	−0.565	0.063	0.247	0.125
Q1-6	−0.181	0.063	−0.205	0.125	Q13-2	−0.493	0.063	0.168	0.125
Q1-7	−0.318	0.063	−0.193	0.125	Q14-1	−0.498	0.063	0.055	0.125
Q1-8	−0.275	0.063	−0.299	0.125	Q14-2	−0.517	0.063	0.237	0.125
Q1-9	−0.310	0.063	−0.218	0.125	Q15-1	−0.552	0.063	0.172	0.125
Q2-1	−0.303	0.063	0.245	0.125	Q15-2	−0.482	0.063	0.125	0.125
Q2-2	−0.326	0.063	0.063	0.125	Q16-1	−0.461	0.063	0.019	0.125
Q2-3	−0.321	0.063	0.063	0.125	Q17-1	−0.563	0.063	0.130	0.125
Q2-4	−0.447	0.063	0.263	0.125	Q18-1	−0.549	0.063	0.057	0.125
Q2-5	−0.350	0.063	0.166	0.125	Q19-1	−0.554	0.063	0.085	0.125
Q3-1	−0.348	0.063	−0.010	0.125	Q20-1	−0.554	0.063	0.117	0.125
Q4-1	−0.458	0.063	−0.029	0.125	Q21-1	−0.580	0.063	0.149	0.125
Q5-1	−0.476	0.063	0.064	0.125	Q22-1	−0.512	0.063	−0.026	0.125
Q6-1	−0.551	0.063	0.265	0.125	Q23-1	−0.57	0.063	0.141	0.125
Q7-1	−0.468	0.063	−0.001	0.125	Q24-1	−0.577	0.063	0.176	0.125
Q8-1	−0.539	0.063	0.175	0.125	Q24-2	−0.493	0.063	0.069	0.125
Q9-1	−0.520	0.063	0.091	0.125	Q25-1	−0.560	0.063	0.115	0.125
Q10-1	−0.576	0.063	0.084	0.125	Q26-1	−0.560	0.063	0.097	0.125
Q10-2	−0.531	0.063	0.089	0.125					

5.3.2 量表的信度分析

通过对样本数据的分析，可得到正式量表的信度检验结果，见表5-3。

由表5-3可以看出，主体及其影响要素相关量表的克朗巴哈系数（Cronbach α）均在0.85以上，且绝大部分都在0.90以上，在可以接受的范围之内，表明该量表具有较高的可靠性。

表5-3 量表的信度检验结果

变量		克朗巴哈系数
大学创新创业教育		0.956
科技型中小企业创新发展		0.949
人才	创业指导教师	0.875
	学生创新创业素养	0.944
资本	市场	0.925
	资金	0.948
技术信息	科学技术	0.956
	资源共享	0.940
知识	专业知识	0.923
	实践技能	0.928
政策	制度设计	0.948
	机制完善	0.933

5.3.3 量表的效度分析

在验证了量表的信度后，继续对其效度进行检验。

在内容效度方面，本书所开发的量表是在查阅相关文献的基础上，咨询了多位本领域相关专家后开发的。此外，通过对预调研收集的数据分析，本书进一步对量表行了检验和修订，本书相关量表具有较好的内容效度。

在结构效度方面，需要首先考察取样足够度度量（Kaiser-Meyer-Olkin measure of sampling adequacy，KMO）、巴特利特球形检验、题项的解释方差等方面，在达到可接受水平基础上进一步分析。

表 5-4 量表的效度检验结果表明，各变量的 KMO 值都在 0.5 以上，其中绝大部分都在 0.75 以上，处于良好的范围内。且巴特利特球形检验的显著性水平均为 0.000，表明各量表的有效性通过了初步检验，适合进行进一步分析。

表 5-4　量表的效度检验结果

变量	取样足够度度量	近似卡方	自由度	显著性
大学创新创业教育	0.942	13 752.898	36	0.000
科技型中小企业创新发展	0.902	7 462.041	10	0.000
创新创业指导教师	0.500	1 420.345	1	0.000
学生创新创业素养	0.864	5 848.924	6	0.000
市场	0.500	2 056.538	1	0.000
资金	0.837	6 180.658	6	0.000
科学技术	0.915	9 612.109	15	0.000
资源共享	0.763	4 134.649	3	0.000
专业知识	0.757	3 510.651	3	0.000
实践技能	0.500	2 114.589	1	0.000
制度设计	0.855	6 165.143	6	0.000
机制完善	0.500	1 315.444	1	0.000

5.3.4　量表的因子分析

验证性因子分析是检验量表效度的方法之一，通过对已建立起来的潜在结构进行检验，考察其与原始数据的拟合程度，从而验证这种结构的正确性。本书采用验证性因子分析进一步对量表进行结构效度检验。在验证性因子分析中，如果每个题项对其所在潜在变量的参数估计值都具有统计意义，则量表符合收敛有效性。基于前文对理论架构及预调研的分析结果，本书进一步对各量表的结构维度进行了验证。

本书主要借助软件 AMOS 来实现验证性因子分析（最大似然估计方法），在根据前文的理论架构绘制出 SEM 模型的基础上，代入正式调研得到的样本数据对模型进行检验，模型进行相关调整后，最终模型输出的拟合优度指数见表 5-5。由表 5-5 可知，大学创新创业教育、科技型中小企业创新发展、创新创业指导教师、学生创新创业素养、市场、资金、科学技术、资源共享、专业知识、实践技能、制度设计和机制完善等拟合指标均达到可接受水平。卡方值由于受到样本容量大小的影响，不能很好地判断模型的拟合程度。因此，该模型的拟合优度可接受。综上，各变量结构及量表信效度均得到了验证。

表 5-5　量表验证性因子分析拟合指标结果

变量	绝对拟合指数					增量拟合指数		
	变量的平方和	卡方值	拟合优度指数	残差均方根	近似均方根误差	标准拟合指数	非标准拟合指数	比较拟合指数
大学创新创业教育	2653.169	5.153	0.826	0.043	0.049	0.916	0.893	0.901
科技中小企业创新发展	2642.234	4.388	0.869	0.042	0.041	0.878	0.929	0.921
创新创业指导教师	2635.852	3.525	0.861	0.039	0.038	0.906	0.853	0.804
学生创新创业素养	2978.114	4.590	0.912	0.041	0.038	0.901	0.902	0.925
市场	2633.987	4.362	0.925	0.032	0.044	0.905	0.887	0.899
资金	2255.631	5.786	0.899	0.038	0.045	0.904	0.896	0.914
科学技术	2855.365	3.947	0.914	0.036	0.036	0.921	0.902	0.921
资源共享	2669.655	3.743	0.902	0.034	0.043	0.926	0.933	0.915
专业知识	2772.253	4.235	0.906	0.042	0.044	0.912	0.877	0.893
实践技能	2935.582	3.255	0.916	0.023	0.032	0.906	0.932	0.941

表 5-5（续）

变量	绝对拟合指数					增量拟合指数		
	变量的平方和	卡方值	拟合优度指数	残差均方根	近似均方根误差	标准拟合指数	非标准拟合指数	比较拟合指数
制度设计	2537.938	4.886	0.922	0.041	0.044	0.893	0.911	0.916
机制完善	2365.196	5.135	0.862	0.049	0.047	0.896	0.903	0.910

5.4 本章小结

根据本书的研究目标和内容，本章主要分三个部分阐述了影响因素的实证研究设计。

首先，阐述了研究量表的设计和开发步骤，包括大学创新创业教育现状、科技型中小企业创新发展现状的题目设计，大学创新创业教育与科技型中小企业创新发展影响因素题目设计，社会人口学变量题目设计。

其次，介绍了问卷调研的具体过程和样本的总体情况。在被试选择时选择了在校大学生、大学教师和科技型中小企业负责人等 3 个群体。本书问卷调研过程选取了中国矿业大学、徐州工程学院、东南大学等 3 所不同类别的高校，共收集问卷数据 2 130 份，其中科技型中小企业负责人 265 份，大学创新创业指导教师 243 份，在校大学生 1 622 份。

最后，对问卷进行了检验，包括正态性检验、量表的信度分析、量表的效度分析、量表的因子分析，从而判断数据的有效性，为后续实证分析奠定了基础。

6

大学创新创业教育与科技型中小企业创新发展影响因素实证分析

通过问卷调查和数据分析，对大学创新创业教育、科技型中小企业及两者的影响因素进行描述性分析和群体差异化分析，进一步论证科技型中小企业创新发展系统与大学创新创业教育系统之间存在的多态影响，并根据研究结果对模型进行修正。

6.1 描述性分析

6.1.1 大学创新创业教育的描述性统计分析

6.1.1.1 大学创新创业教育的总体描述性统计分析

本书在问卷调查时设计了 9 个问题分别从 9 个方面来对大学创新创业教育进行测量，具体包括：

Q1-1：据您了解，当前大学对创新创业教育经费的投入情况如何？

Q1-2：据您了解，当前大学创新创业教育硬件设施（如孵化器、创客空间等）建设情况如何？

Q1-3：据您了解，当前大学创新创业教育师资队伍建设（包括培训原有的专业课教师、建设专职的创新创业教师队伍等）情况如何？

Q1-4：据您了解，当前大学创新创业课程建设情况如何？

Q1-5：据您了解，当前大学毕业生的创新创业意识如何？

Q1-6：据您了解，当前大学毕业生的创新创业能力如何？

Q1-7：据您了解，当前大学创新创业教育的氛围（如创新创业相关的社团数量、报告讲座数量、竞赛活动开展频次等）如何？

Q1-8：据您了解，当前大学创新创业教育成果转化情况（如创办企业、知识产权转让、技术入股等）如何？

Q1-9：据您了解，当前大学统筹社会资源（如校企合作、校校合作、学校政府间合作等）开展创新创业教育的情况如何？

大学创新创业教育各题项得分分布、均值和标准差统计见表 6-1。

表 6-1 大学创新创业教育各题项得分分布、均值和标准差统计

分值	题项								
	Q1-1	Q1-2	Q1-3	Q1-4	Q1-5	Q1-6	Q1-7	Q1-8	Q1-9
1	3.33%	2.67%	2.67%	2%	1.33%	2.67%	2.67%	3.33%	1.33%

表 6-1（续）

分值	题项								
	Q1-1	Q1-2	Q1-3	Q1-4	Q1-5	Q1-6	Q1-7	Q1-8	Q1-9
2	2.67%	0.67%	1.33%	2%	2%	2.67%	0.67%	1.33%	1.33%
3	2.67%	3.33%	4%	5.33%	5.33%	8%	4%	6.67%	4.67%
4	8.67%	7.33%	6%	8%	10%	6%	10%	10.67%	10.67%
5	12%	12.67%	10%	12.67%	16.67%	16.67%	14.67%	13.33%	12%
6	18%	18.67%	24%	16%	14%	16.67%	12.67%	16.67%	13.33%
7	16%	20%	17.33%	20%	19.33%	22%	22%	21.33%	22.67%
8	21.33%	17.33%	18%	16.67%	18%	12%	20%	14%	20%
9	4.67%	4.67%	6.67%	6%	5.33%	4.67%	4.67%	4%	4.67%
10	10.67%	12.67%	10%	11.33%	8%	8.67%	8.67%	8.67%	9.33%
均值	6.41	6.41	6.37	6.22	6.18	5.94	6.31	5.95	6.18
标准差	2.22	2.13	2.14	2.19	2.08	2.11	2.10	2.18	2.14

由表 6-1 可以看出，受访者认为大学对创新创业教育经费的投入情况（Q1-1）（6.41）、硬件设施建设情况（Q1-2）（6.41）非常好，其均值最高，都为 6.41，约有 70%以上的受访者这两个题项上选择了 6 分及以上。其他题项按均值排序依次为：师资队伍建设情况（Q1-3）（6.37）、大学创新创业教育的氛围（Q1-7）（6.31）、课程建设情况（Q1-4）（6.22）、大学毕业生的创新创业意识（Q1-5）（6.18）、大学统筹社会资源开展创新创业教育的情况（Q1-9）（6.18）、大学创新创业教育成果转化情况（Q1-8）（5.95）、大学毕业生的创新创业能力（Q1-6）（5.94）。

由此可见，受访者整体认为目前大学创新创业教育的各方面投入状况（如经费、硬件设施、师资队伍等）要好于大学创新创业教育的产出状况（如大学毕业生的创新创业意识、大学创新创业教育成果转化情况、大学毕业生创新创业能力等），表明我国的大学生创新创业教育的工作成效还有很大的提升空间。受访者整体对大学统筹社会资源来开展创新创业教育的情况评价一般，表明大学的创新创业教育需要加强统筹社会资源能力，应与企业等社会力量协同发展。

此外，通过比较各题的标准差，可以发现各题的差异较小。其中，题项 Q1-1 的标准差(2.22)最高，说明受访者对大学创新创业教育经费投入情况的评价存在较大差异，打分情况存在一定的分化。题项 Q1-5 的标准差(2.08)最低，说明受访者对大学毕业生创新创业能力的评价存在着较高的一致性，再综合该项得分最低，更加说明大学急需提高受教育学生的创新创业能力。

6.1.1.2　大学创新创业教育在不同群体评价上的差异性分析

本书运用单因素方差分析及均值分析的方法探讨了大学创新创业教育在科技型中小企业负责人、大学教师和在校大学生等 3 个不同群体评价上的差异性。大学创新创业教育在不同群体上的单因素方差分析结果，见表 6-2。

表 6-2　大学创新创业教育在不同群体上的单因素方差分析结果

变量		平方和	自由度	均方	F 检验	显著性
经费投入	组间	23.619	2	11.809	2.700	0.068
	组内	6 688.440	1 529	4.374		
	总数	6 712.059	1 531			
硬件设施建设	组间	53.382	2	26.691	6.363	0.002
	组内	6 413.430	1 529	4.195		
	总数	6 466.812	1 531			
师资队伍建设	组间	35.508	2	17.754	4.332	0.013
	组内	6 266.108	1 529	4.098		
	总数	6 301.616	1 531			
课程建设	组间	46.749	2	23.375	5.495	0.004
	组内	6 504.008	1 529	4.254		
	总数	6 550.757	1 531			

表 6-2（续）

变量		平方和	自由度	均方	F 检验	显著性
大学毕业生的创新创业意识	组间	64.279	2	32.140	8.548	0.000
	组内	5 749.180	1 529	3.760		
	总数	5 813.459	1 531			
大学毕业生的创新创业能力	组间	38.500	2	19.250	5.042	0.007
	组内	5 837.738	1 529	3.818		
	总数	5 876.238	1 531			
大学创新创业教育的氛围	组间	22.305	2	11.153	2.834	0.059
	组内	6 016.162	1 529	3.935		
	总数	6 038.467	1 531			
大学创新创业教育成果转化	组间	80.490	2	40.245	9.750	0.000
	组内	6 310.943	1 529	4.127		
	总数	6 391.433	1 531			
大学统筹社会资源开展创新创业教育	组间	50.013	2	25.007	6.176	0.002
	组内	6 190.812	1 529	4.049		
	总数	6 240.825	1 531			

由表 6-2 可以看出，各类群体除了在大学对创新创业教育经费的投入情况、创新创业教育的氛围这 2 个方面没有显著的评价差异外，在其他方面均有显著性差异。

本书对各类群体存在显著性差异的 7 个题项上的评价均值进行了比较，结果见表 6-3。可以看出，一个明显的特点是：3 类人群在对大学创新创业教育评价的 7 个方面都呈现出现了明显的分层。群体评价均值具体排序是：企业负责人＞在校大学生＞大学教师。这表明科技型中小企业负责人这个群体对于大学创新创业教育的认同度较高，7 个方面的均值都超过了 6.1 分，持乐观态度。而大学教师对大学创新创业教育则持谨慎态度，其中有 5 个方面的均值都在 6 分以下。在校大学对大学创新创业教育的评价介于企业负责人和大学教师之间。

表 6-3 不同群体的大学创新创业教育评价均值比较

变量	企业负责人	大学教师	在校大学生
硬件设施建设	6.90	6.40	6.43
师资队伍建设	6.65	6.06	6.38
课程建设	6.60	5.92	6.22
大学毕业生的创新创业意识	6.69	5.98	6.18
大学毕业生的创新创业能力	6.18	5.57	5.89
大学创新创业教育成果转化	6.11	5.30	5.87
大学统筹社会资源开展创新创业教育	6.58	5.89	6.18

进一步，将样本按照科技型中小企业负责人、大学教师和在校大学生分为 3 个子样本，分别剖析各子样本内部评价的差异性。

(1) 大学创新创业教育在不同类别企业负责人群体评价上的差异性分析

第一，分析大学创新创业教育在不同类别企业的负责人群体评价上的差异性。

本书将企业分为电子信息技术类、生物与新医药技术类、新能源及节能技术类、新材料技术类、资源与环境技术类、航空航天技术类、高新技术服务类、高新技术改造传统产业类和其他类等 9 个类别，可得到运用单因素方差分析不同类别企业的负责人对大学创新创业教育评价的差异性，可得到表 6-4。由大学创新创业教育在不同类别企业负责人上的单因素方差分析结果可以看出，不同类别企业的负责人在对大学创新创业教育的评价方面没有明显差异。这表明，企业负责人对大学创新创业教育的认识，不因企业类别的不同而有所不同。

表 6-4　大学创新创业教育在不同类别企业负责人上的单因素方差分析结果

变量		平方和	自由度	均方	F 检验	显著性
经费投入	组间	56.499	8	7.062	1.553	0.141
	组内	896.026	197	4.548		
	总数	952.525	205			
硬件设施建设	组间	44.747	8	5.593	1.395	0.201
	组内	790.112	197	4.011		
	总数	834.859	205			
师资队伍建设	组间	51.551	8	6.444	1.502	0.159
	组内	845.284	197	4.291		
	总数	896.835	205			
课程建设	组间	41.961	8	5.245	1.243	0.276
	组内	831.597	197	4.221		
	总数	873.558	205			
大学毕业生的创新创业意识	组间	37.574	8	4.697	1.281	0.255
	组内	722.542	197	3.668		
	总数	760.116	205			
大学毕业生的创新创业能力	组间	34.950	8	4.369	1.068	0.387
	组内	806.040	197	4.092		
	总数	840.990	205			
大学创新创业教育的氛围	组间	24.762	8	3.095	0.797	0.606
	组内	764.796	197	3.882		
	总数	789.558	205			
大学创新创业教育成果转化	组间	35.634	8	4.454	1.010	0.430
	组内	868.798	197	4.410		
	总数	904.432	205			

表 6-4（续）

变量		平方和	自由度	均方	*F* 检验	显著性
大学统筹社会资源开展创新创业教育	组间	37.160	8	4.645	1.070	0.385
	组内	854.937	197	4.340		
	总数	892.097	205			

第二，分析大学创新创业教育在不同工作年限的企业负责人群体评价上的差异性。

运用单因素方差分析不同工作年限的企业负责人对大学创新创业教育评价的差异性，可得到表 6-5。由大学创新创业教育在不同工作年限企业负责人上的单因素方差分析结果可以看出，不同工作年限的企业负责人在对大学创新创业教育的评价方面有明显差异。显著性差异具体表现在大学创新创业教育的经费投入、硬件设施建设、大学毕业生的创新创业意识、大学毕业生的创新创业能力、大学创新创业教育的氛围和大学统筹社会资源开展创新创业教育的能力等 6 个方面，这些方面很明显都是作为企业负责人能够在平时感知到的一些方面，所以其在打分时较有主见，因此结果呈现出显著的差异性。而师资队伍建设、课程建设、大学创新创业成果转化等 3 个方面，由于各种原因比如起步晚、影响小等，各工作年限段的企业负责人在平时都不太容易感知到，所以在打分时持谨慎态度，分值较为趋同，因而没有呈现出显著的差异性。

表 6-5　大学创新创业教育在不同工作年限企业负责人上的单因素方差分析结果

变量		平方和	自由度	均方	*F* 检验	显著性
经费投入	组间	38.856	3	12.952	2.864	0.038
	组内	913.668	202	4.523		
	总数	952.524	205			
硬件设施建设	组间	34.215	3	11.405	2.877	0.037
	组内	800.644	202	3.964		
	总数	834.859	205			

表 6-5（续）

变量		平方和	自由度	均方	F 检验	显著性
师资队伍建设	组间	26.431	3	8.810	2.045	0.109
	组内	870.404	202	4.309		
	总数	896.835	205			
课程建设	组间	28.534	3	9.511	2.274	0.081
	组内	845.024	202	4.183		
	总数	873.558	205			
大学毕业生的创新创业意识	组间	42.980	3	14.327	4.035	0.008
	组内	717.136	202	3.550		
	总数	760.116	205			
大学毕业生的创新创业能力	组间	54.497	3	18.166	4.666	0.004
	组内	786.493	202	3.894		
	总数	840.990	205			
大学创新创业教育的氛围	组间	55.301	3	18.434	5.071	0.002
	组内	734.257	202	3.635		
	总数	789.558	205			
大学创新创业教育成果转化	组间	29.043	6	4.840	1.267	0.274
	组内	760.516	199	3.822		
	总数	789.559	205			
大学统筹社会资源开展创新创业教育	组间	38.166	3	12.722	3.009	0.031
	组内	853.931	202	4.227		
	总数	892.097	205			

鉴于上述存在的差异，本书对不同工作年限的企业负责人在各题项上的评价均值进行了比较，结果见表 6-6。可以看出，在大学创新创业教育的经费投入、硬件设施建设、大学毕业生的创新创业意识、大学毕业生的创新创业能力、大学创新创业教育氛围和大学统筹社会资源开展创新

创业教育的能力等方面，不同工作年限的企业负责人在所有题项上的评价均值的顺序为：工作年限为 7～9 年的＞工作年限为 4～6 年的＞工作年限为 10 年及以上的＞工作年限为 1～3 年的。同时，可以清晰看到，在不同工作年限的企业负责人群体中，这几个方面的得分顺序大多为：硬件设施建设＞经费投入＞大学毕业生的创新创业意识＞大学创新创业教育的氛围＞大学毕业生的创新创业能力。其中，值得关注的是：工作 1～3 年的企业负责人对大学创新创业教育评价不高，尤其是对毕业生创新创业能力评价不高。他们大多刚从大学毕业，这表明大学创新创业教育工作任重道远。

表 6-6　不同工作年限企业负责人对大学创新创业教育评价均值比较

工作年限	经费投入	硬件设施建设	大学毕业生创新创业意识	大学毕业生创新创业能力	大学创新创业教育氛围
1～3 年	5.98	6.24	5.92	5.36	5.70
4～6 年	6.88	7.10	7.05	6.52	6.88
7～9 年	7.24	7.44	7.09	6.82	7.09
≥10 年	6.84	6.94	6.74	6.18	6.77

第三，分析大学创新创业教育在不同岗位类别的企业负责人群体评价上的差异性。

本书将企业负责人岗位类别分为企业主要负责人、研发（技术）负责人、营销负责人、行政管理负责人、生产（制造）负责人、财务负责人和其他等 7 个类别，运用单因素方差分析不同岗位类别的企业负责人对大学创新创业教育评价的差异性，可得到表 6-7。由大学创新创业教育在不同岗位类别企业负责人上的分析结果可以看出，不同岗位类别的企业负责人在对大学创新创业教育的评价较为趋同，没有显著差异。这表明，企业负责人对大学创新创业教育的认识，不因其所在岗位类别的不同而有所不同。

表 6-7　大学创新创业教育在不同岗位类别企业负责人上的单因素方差分析结果

变量		平方和	自由度	均方	F 检验	显著性
经费投入	组间	34.966	6	5.828	1.264	0.276
	组内	917.558	199	4.611		
	总数	952.524	205			
硬件设施建设	组间	30.179	6	5.030	1.244	0.285
	组内	804.680	199	4.044		
	总数	834.859	205			
师资队伍建设	组间	48.872	6	8.145	1.912	0.081
	组内	847.963	199	4.261		
	总数	896.835	205			
课程建设	组间	24.510	6	4.085	0.957	0.455
	组内	849.048	199	4.267		
	总数	873.558	205			
大学毕业生的创新创业意识	组间	9.075	6	1.512	0.401	0.878
	组内	751.042	199	3.774		
	总数	760.117	205			
大学毕业生的创新创业能力	组间	15.124	6	2.521	0.607	0.724
	组内	825.867	199	4.150		
	总数	840.991	205			
大学创新创业教育的氛围	组间	29.043	6	4.840	1.267	0.274
	组内	760.516	199	3.822		
	总数	789.559	205			
大学创新创业教育成果转化	组间	30.738	6	5.123	1.167	0.326
	组内	873.694	199	4.390		
	总数	904.432	205			

表 6-7（续）

变量		平方和	自由度	均方	F 检验	显著性
大学统筹社会资源开展创新创业教育	组间	32.311	6	5.385	1.246	0.284
	组内	859.786	199	4.321		
	总数	892.097	205			

（2）大学创新创业教育在大学教师群体评价上的差异性分析

第一，分析大学创新创业教育在不同大学的教师群体评价的差异性。大学创新创业教育在不同大学教师上的单因素方差分析结果，见表 6-8。由表 6-8 可以看出，不同大学的教师对大学创新创业教育的评价没有明显差异，说明大学教师对大学创新创业教育评价和其所在学校无必然联系。

表 6-8　大学创新创业教育在不同大学教师上的单因素方差分析结果

变量		平方和	自由度	均方	F 检验	显著性
经费投入	组间	31.128	3	10.376	2.499	0.061
	组内	809.565	195	4.152		
	总数	840.693	198			
硬件设施建设	组间	8.099	3	2.700	0.679	0.566
	组内	775.740	195	3.978		
	总数	783.839	198			
师资队伍建设	组间	4.938	3	1.646	0.420	0.739
	组内	764.339	195	3.920		
	总数	769.277	198			
课程建设	组间	9.904	3	3.301	0.766	0.514
	组内	839.965	195	4.308		
	总数	849.869	198			

表 6-8（续）

变量		平方和	自由度	均方	F 检验	显著性
大学毕业生的创新创业意识	组间	3.739	3	1.246	0.327	0.806
	组内	743.216	195	3.811		
	总数	746.956	198			
大学毕业生的创新创业能力	组间	12.737	3	4.246	1.143	0.333
	组内	724.098	195	3.713		
	总数	736.835	198			
大学创新创业教育的氛围	组间	22.683	3	7.561	1.873	0.136
	组内	787.377	195	4.038		
	总数	810.060	198			
大学创新创业教育成果转化	组间	6.301	3	2.100	0.463	0.708
	组内	883.609	195	4.531		
	总数	889.910	198			
大学统筹社会资源开展创新创业教育	组间	8.308	3	2.769	0.670	0.572
	组内	806.476	195	4.136		
	总数	814.784	198			

第二，分析大学创新创业教育在不同工作年限教师群体评价上的差异性。运用单因素方差分析不同工作年限的教师对创新创业教育评价的差异性，可得到表 6-9。由大学创新创业教育在不同工作年限教师上的单因素方差分析结果可以看出，不同工作年限教师对大学创新创业教育各方面评价都存在显著差异。这表明不同任教年限教师对创新创业教育看法不同。

表 6-9　大学创新创业教育在不同工作年限教师上的单因素方差分析结果

变量		平方和	自由度	均方	F 检验	显著性
经费投入	组间	71.329	3	23.776	6.026	0.001
	组内	769.364	195	3.945		
	总数	840.693	198			
硬件设施建设	组间	43.373	3	14.458	3.807	0.011
	组内	740.466	195	3.797		
	总数	783.839	198			
师资队伍建设	组间	93.698	3	31.233	9.015	0.000
	组内	675.578	195	3.465		
	总数	769.276	198			
课程建设	组间	58.009	3	19.336	4.762	0.003
	组内	791.860	195	4.061		
	总数	849.869	198			
大学毕业生的创新创业意识	组间	36.153	3	12.051	3.306	0.021
	组内	710.802	195	3.645		
	总数	746.955	198			
大学毕业生的创新创业能力	组间	36.575	3	12.192	3.395	0.019
	组内	700.259	195	3.591		
	总数	736.834	198			
大学创新创业教育的氛围	组间	45.493	3	15.164	3.868	0.010
	组内	764.567	195	3.921		
	总数	810.060	198			
大学创新创业教育成果转化	组间	124.128	3	41.376	10.536	0.000
	组内	765.781	195	3.927		
	总数	889.909	198			

表 6-9（续）

变量		平方和	自由度	均方	F 检验	显著性
大学统筹社会资源开展创新创业教育	组间	70.950	3	23.650	6.200	0.000
	组内	743.834	195	3.815		
	总数	814.784	198			

本书对不同工作年限大学教师在各题项上的评价均值进一步进行了比较，结果见表 6-10。

总体上来看，工作时间较短的大学教师（工作年限 1～3 年）对创新创业教育各方面的评价较高；工作年限在 4～6 年和 7～9 年的大学教师评价次之；工作年限在 10 年及以上的教师对创新创业教育各方面的评价较低。

表 6-10　不同工作年限大学教师对创新创业教育评价的均值比较

工作年限	经费投入	硬件设施建设	师资队伍建设	课程建设	大学毕业生的创新创业意识	大学毕业生的创新创业能力	大学创新创业教育的氛围	大学创新创业教育成果转化	大学统筹社会资源开展创新创业教育
1～3 年	7.30	6.79	6.77	6.57	6.47	6.04	6.56	6.14	6.63
4～6 年	6.61	6.61	6.17	5.61	6.22	5.57	6.26	5.48	5.74
7～9 年	6.63	6.96	6.58	6.21	5.96	5.83	6.71	5.79	6.04
≥10 年	5.93	5.85	5.27	5.38	5.51	5.09	5.59	4.39	5.27

这表明，教龄越长的教师对大学创新创业教育的评价越低。这是由于大学创新创业教育起步较晚，教龄越长的教师在其从教生涯中越晚接触创新创业教育工作，参与这项工作较少，所以对这项工作评价不高；而年轻教师从一开始参加工作就开始接触创新创业教育工作，受大环境影响较多，所以对这项工作评价较高。

第三，分析大学创新创业教育在是否参与过创新创业教育相关工作的教师群体评价上的差异性。运用单因素方差分析大学教师是否参与过创新创业教育相关工作对大学创新创业教育评价的差异性，可得到表 6-11。由大学创新创业教育在教师是否参与过创新创业教育相关工作上的分析结果可以看出，大学教师无论是否参与过创新创业教育相关工作，对大学创新创业教育的评价没有显著差异。

表 6-11　大学创新创业教育在教师是否参与过创新创业教育相关工作上的单因素方差分析结果

变量		平方和	自由度	均方	*F* 检验	显著性
经费投入	组间	0.398	1	0.398	0.093	0.760
	组内	840.295	197	4.265		
	总数	840.693	198			
硬件设施建设	组间	0.005	1	0.005	0.001	0.972
	组内	783.834	197	3.979		
	总数	783.839	198			
师资队伍建设	组间	5.114	1	5.114	1.319	0.252
	组内	764.162	197	3.879		
	总数	769.276	198			
课程建设	组间	0.093	1	0.093	0.022	0.883
	组内	849.776	197	4.314		
	总数	849.869	198			
大学毕业生的创新创业意识	组间	0.022	1	0.022	0.006	0.939
	组内	746.932	197	3.792		
	总数	746.954	198			
大学毕业生的创新创业能力	组间	1.629	1	1.629	0.437	0.510
	组内	735.205	197	3.732		
	总数	736.834	198			

表 6-11（续）

变量		平方和	自由度	均方	*F* 检验	显著性
大学创新创业教育的氛围	组间	3.422	1	3.422	0.836	0.362
	组内	806.638	197	4.095		
	总数	810.060	198			
大学创新创业教育成果转化	组间	0.590	1	0.590	0.131	0.718
	组内	889.320	197	4.514		
	总数	889.910	198			
大学统筹社会资源开展创新创业教育	组间	0.807	1	0.807	0.195	0.659
	组内	813.977	197	4.132		
	总数	814.784	198			

第四，分析大学创新创业教育在是否担任过创新创业教育指导工作的教师群体评价上的差异性。运用单因素方差分析大学创新创业教育在是否担任过创新创业教育指导工作的教师群体评价上的差异性，可得到表 6-12。由大学创新创业教育在教师是否担任过创新创业教育指导教师上的单因素方差分析结果可以看出，教师是否担任过创新创业教育指导教师这一因素在大学创新创业教育成果转化方面这 1 个方面的评价有显著差异，在创新创业教育的其他 8 个方面没有显著差异。根据统计结果，担任过和没有担任过创新创业教育指导工作的教师群体对大学创新创业教育在大学创新创业教育成果转化方面评价的均值表明，担任过指导工作的教师群体对大学创新创业教育成果转化工作不太满意。

表 6-12　大学创新创业教育在教师是否担任过创新创业教育指导教师上的单因素方差分析结果

变量		平方和	自由度	均方	*F* 检验	显著性
经费投入	组间	6.743	1	6.743	1.593	0.208
	组内	833.951	197	4.233		
	总数	840.694	198			

表 6-12（续）

变量		平方和	自由度	均方	*F* 检验	显著性
硬件设施建设	组间	10.117	1	10.117	2.576	0.110
	组内	773.722	197	3.928		
	总数	783.839	198			
师资队伍建设	组间	11.251	1	11.251	2.924	0.089
	组内	758.026	197	3.848		
	总数	769.277	198			
课程建设	组间	6.533	1	6.533	1.526	0.218
	组内	843.336	197	4.281		
	总数	849.869	198			
大学毕业生的创新创业意识	组间	5.561	1	5.561	1.478	0.226
	组内	741.393	197	3.763		
	总数	746.954	198			
大学毕业生的创新创业能力	组间	0.936	1	0.936	0.251	0.617
	组内	735.898	197	3.736		
	总数	736.834	198			
大学创新创业教育的氛围	组间	0.074	1	0.074	0.018	0.893
	组内	809.986	197	4.112		
	总数	810.060	198			
大学创新创业教育成果转化	组间	20.723	1	20.723	4.697	0.031
	组内	869.186	197	4.412		
	总数	889.909	198			
大学统筹社会资源开展创新创业教育	组间	11.808	1	11.808	2.897	0.090
	组内	802.976	197	4.076		
	总数	814.784	198			

第五，分析大学创新创业教育在是否指导过大学生创新创业项目的教师群体评价上的差异性。运用单因素方差分析教师是否指导过大学生创新创业项目对创新创业教育评价的差异性，可得到表6-13。由大学创新创业教育在教师是否指导过大学生创新创业项目上的单因素方差分析结果可以看出，无论教师是否指导过大学生创新创业项目，对大学创新创业教育各方面的评价均无显著差异。

表6-13 大学创新创业教育在教师是否指导过大学生创新创业项目上的单因素方差分析结果

变量		平方和	自由度	均方	F检验	显著性
经费投入	组间	2.181	1	2.181	0.513	0.475
	组内	838.512	197	4.256		
	总数	840.693	198			
硬件设施建设	组间	0.301	1	0.301	0.076	0.783
	组内	783.538	197	3.977		
	总数	783.839	198			
师资队伍建设	组间	4.544	1	4.544	1.170	0.281
	组内	764.733	197	3.882		
	总数	769.277	198			
课程建设	组间	0.119	1	0.119	0.028	0.868
	组内	849.750	197	4.313		
	总数	849.869	198			
大学毕业生的创新创业意识	组间	0.034	1	0.034	0.009	0.925
	组内	746.921	197	3.791		
	总数	746.955	198			
大学毕业生的创新创业能力	组间	0.570	1	0.570	0.152	0.697
	组内	736.265	197	3.737		
	总数	736.835	198			

表 6-13（续）

变量		平方和	自由度	均方	F 检验	显著性
大学创新创业教育的氛围	组间	4.002	1	4.002	0.978	0.324
	组内	806.058	197	4.092		
	总数	810.060	198			
大学创新创业教育成果转化	组间	2.656	1	2.656	0.590	0.443
	组内	887.254	197	4.504		
	总数	889.910	198			
大学统筹社会资源开展创新创业教育	组间	2.942	1	2.942	0.714	0.399
	组内	811.841	197	4.121		
	总数	814.783	198			

（3）大学创新创业教育在大学生群体评价上的差异性分析

第一，分析大学创新创业教育在不同高校学生群体评价上的差异性。大学创新创业教育在不同高校学生群体上的单因素方差分析结果，见表6-14。由表6-14可以看出大学创新创业教育各方面在不同高校学生群体评价上有显著差异，说明不同高校学生对大学创新创业教育评价明显不同。

表 6-14　大学创新创业教育在不同高校学生群体上的单因素方差分析结果

变量		平方和	自由度	均方	F 检验	显著性
经费投入	组间	194.553	3	64.851	15.493	0.000
	组内	4 700.669	1 123	4.186		
	总数	4 895.222	1126			
硬件设施建设	组间	220.181	3	73.394	18.017	0.000
	组内	4 574.550	1 123	4.074		
	总数	4 794.731	1 126			

表 6-14（续）

变量		平方和	自由度	均方	F 检验	显著性
师资队伍建设	组间	195.841	3	65.280	16.646	0.000
	组内	4 404.156	1 123	3.922		
	总数	4 599.997	1 126			
课程建设	组间	212.730	3	70.910	17.433	0.000
	组内	4 567.850	1 123	4.068		
	总数	4 780.580	1 126			
大学毕业生的创新创业意识	组间	150.862	3	50.287	13.803	0.000
	组内	4 091.246	1 123	3.643		
	总数	4 242.108	1 126			
大学毕业生的创新创业能力	组间	159.838	3	53.279	14.593	0.000
	组内	4 100.075	1 123	3.651		
	总数	4 259.913	1 126			
大学创新创业教育的氛围	组间	108.405	3	36.135	9.419	0.000
	组内	4 308.138	1 123	3.836		
	总数	4 416.543	1 126			
大学创新创业教育成果转化	组间	120.898	3	40.299	10.296	0.000
	组内	4 395.704	1 123	3.914		
	总数	4 516.602	1 126			
大学统筹社会资源开展创新创业教育	组间	129.979	3	43.326	11.175	0.000
	组内	4 353.952	1 123	3.877		
	总数	4 483.931	1 126			

本书对不同高校学生群体在各方面的评价均值进一步进行了比较，结果见表 6-15。总体上来看，中国矿业大学和徐州工程学院的在校学生对大学创新创业教育各方面的评价，高于东南大学在校学生的评价。这应该既与各个学校的教育特点有关，也与各个学校学生群体自身的特点有关。

表 6-15　不同高校学生对创新创业教育评价的均值比较

高校	经费投入	硬件设施建设	师资队伍建设	课程建设	大学毕业生的创新创业意识	大学毕业生的创新创业能力	大学创新创业教育的氛围	大学创新创业教育成果转化	大学统筹社会资源开展创新创业教育
徐州工程学院	6.33	6.32	6.47	6.46	6.44	6.24	6.49	6.17	6.43
东南大学	5.96	5.88	5.84	5.60	5.68	5.41	5.97	5.55	5.75
中国矿业大学	6.98	6.99	6.91	6.58	6.24	5.98	6.53	6.10	6.31

第二，分析大学创新创业教育在不同年级大学生群体评价上的差异性。大学创新创业教育在不同年级大学生上的单因素方差分析结果，见表 6-16。由表 6-16 可以看出，大学创新创业教育各方面在不同年级大学生群体的评价上有显著性差异，也就是说不同年级的大学生在对大学创新创业教育的评价有明显不同。

表 6-16　大学创新创业教育在不同年级大学生上的单因素方差分析结果

变量		平方和	自由度	均方	F 检验	显著性
经费投入	组间	113.420	4	28.355	6.653	0.000
	组内	4781.803	1122	4.262		
	总数	4895.223	1126			
硬件设施建设	组间	112.423	4	28.106	6.735	0.000
	组内	4682.309	1122	4.173		
	总数	4794.732	1126			

表 6-16（续）

变量		平方和	自由度	均方	F 检验	显著性
师资队伍建设	组间	177.607	4	44.402	11.265	0.000
	组内	4 422.390	1 122	3.942		
	总数	4 599.997	1 126			
课程建设	组间	225.755	4	56.439	13.903	0.000
	组内	4 554.826	1 122	4.060		
	总数	4 780.581	1 126			
大学毕业生的创新创业意识	组间	187.315	4	46.829	12.958	0.000
	组内	4 054.793	1 122	3.614		
	总数	4 242.108	1 126			
大学毕业生的创新创业能力	组间	200.758	4	50.189	13.873	0.000
	组内	4 059.155	1 122	3.618		
	总数	4 259.913	1 126			
大学创新创业教育的氛围	组间	204.331	4	51.083	13.607	0.000
	组内	4 212.212	1 122	3.754		
	总数	4 416.543	1 126			
大学创新创业教育成果转化	组间	188.805	4	47.201	12.237	0.000
	组内	4 327.796	1 122	3.857		
	总数	4 516.601	1 126			
大学统筹社会资源开展创新创业教育	组间	181.998	4	45.500	11.867	0.000
	组内	4 301.932	1 122	3.834		
	总数	4 483.931	1 126			

本书对不同年级大学生群体在各题项上的评价均值进一步进行了比较，结果见表 6-17。总体上来看，低年级本科生（大学一年级和大学二年

级)对大学创新创业教育各方面的评价高于高年级本科生(大学三年级和大学四年级)和研究生对大学创新创业教育各方面的评价。这表明,低年级学生更加认同创新创业教育。

表 6-17 不同年级大学生对创新创业教育评价的均值比较

年级	经费投入	硬件设施建设	师资队伍建设	课程建设	大学毕业生的创新创业意识	大学毕业生的创新创业能力	大学创新创业教育的氛围	大学创新创业教育成果转化	大学统筹社会资源开展创新创业教育
大学一年级	6.63	6.60	6.81	6.67	6.55	6.33	6.72	6.39	6.64
大学二年级	6.56	6.60	6.68	6.53	6.42	6.25	6.67	6.28	6.40
大学三年级	6.31	6.18	6.30	6.30	6.17	5.83	6.26	5.78	6.11
大学四年级	6.70	6.64	6.36	5.80	5.83	5.50	6.18	5.48	5.88
研究生	5.87	5.88	5.79	5.57	5.52	5.31	5.67	5.43	5.60

第三,分析大学创新创业教育在不同专业大学生群体评价上的差异性。大学创新创业教育在不同专业大学生上的单因素方差分析结果,见表 6-18。由表 6-18 可以看出,除大学毕业生的创新创业能力、大学创新创业成果转化这 2 个方面外,不同专业的大学生群体对大学创新创业教育其他 7 个方面的评价都有显著性差异。

表 6-18 大学创新创业教育在不同专业大学生上的单因素方差分析结果

变量		平方和	自由度	均方	F 检验	显著性
经费投入	组间	75.682	4	18.920	4.405	0.002
	组内	4 819.541	1 122	4.295		
	总数	4 895.223	1 126			

表 6-18（续）

变量		平方和	自由度	均方	F 检验	显著性
硬件设施建设	组间	50.413	4	12.603	2.981	0.018
	组内	4 744.319	1 122	4.228		
	总数	4 794.732	1 126			
师资队伍建设	组间	67.224	4	16.806	4.160	0.002
	组内	4 532.772	1 122	4.040		
	总数	4 599.996	1 126			
课程建设	组间	49.439	4	12.360	2.931	0.020
	组内	4 731.141	1 122	4.217		
	总数	4 780.580	1 126			
大学毕业生的创新创业意识	组间	58.603	4	14.651	3.929	0.004
	组内	4 183.505	1 122	3.729		
	总数	4 242.108	1 126			
大学毕业生的创新创业能力	组间	17.627	4	4.407	1.165	0.324
	组内	4 242.286	1 122	3.781		
	总数	4 259.913	1 126			
大学创新创业教育的氛围	组间	46.662	4	11.665	2.995	0.018
	组内	4 369.881	1 122	3.895		
	总数	4 416.543	1 126			
大学创新创业教育成果转化	组间	31.667	4	7.917	1.981	0.095
	组内	4 484.935	1 122	3.997		
	总数	4 516.602	1 126			
大学统筹社会资源开展创新创业教育	组间	43.283	4	10.821	2.734	0.028
	组内	4 440.648	1 122	3.958		
	总数	4 483.931	1 126			

本书对不同专业大学生群体在上述有显著性差异的7个方面的评价均值进一步进行了分析比较，比较结果见表6-19。总体上来看，艺术体育类在校大学生对大学创新创业教育各个方面的评价最好；理工类和文史类在校大学生对大学创新创业教育在各个方面的评价较低；经管类在校大学生对大学创新创业教育在各个方面的评价介于艺术体育类与理工类文史类这两者之间。这表明，艺术体育类在校大学生更加认同创新创业教育。

表6-19　不同专业大学生对创新创业教育评价的均值比较

专业	经费投入	硬件设施建设	师资队伍建设	课程建设	大学毕业生的创新创业意识	大学创新创业教育的氛围	大学统筹社会资源开展创新创业教育
理工类	6.15	6.13	6.20	6.03	5.92	6.16	6.01
文史类	6.18	6.44	6.20	6.15	5.98	6.08	6.08
经管类	6.64	6.47	6.59	6.35	6.35	6.51	6.25
艺术体育类	6.96	6.98	7.14	6.92	6.66	6.76	6.88
其他	6.32	6.39	6.48	6.29	6.16	6.39	6.45

第四，分析大学创新创业教育在是否接受过专门创新创业课程教育的大学生群体评价上的差异性。大学创新创业教育在大学生是否接受过专门创新创业课程教育上的单因素方差分析结果，见表6-20。由表6-20可以看出，大学生是否接受过专门创新创业课程教育，对大学创新创业教育各方面的评价都有显著性差异。也就是说，接受过专门创新创业课程教育的大学生与未接受过专门创新创业课程教育的大学生对大学创新创业教育的评价有明显不同。

表 6-20　大学创新创业教育在大学生是否接受过专门创新创业课程教育上的单因素方差分析结果

变量		平方和	自由度	均方	F 检验	显著性
经费投入	组间	84.897	1	84.897	19.855	0.000
	组内	4 810.326	1 125	4.276		
	总数	4 895.223	1 126			
硬件设施建设	组间	86.598	1	86.598	20.692	0.000
	组内	4 708.133	1 125	4.185		
	总数	4 794.731	1 126			
师资队伍建设	组间	48.546	1	48.546	11.999	0.001
	组内	4 551.450	1 125	4.046		
	总数	4 599.996	1 126			
课程建设	组间	77.336	1	77.336	18.499	0.000
	组内	4 703.244	1 125	4.181		
	总数	4 780.580	1 126			
大学毕业生的创新创业意识	组间	33.570	1	33.570	8.974	0.003
	组内	4 208.538	1 125	3.741		
	总数	4 242.108	1 126			
大学毕业生的创新创业能力	组间	28.607	1	28.607	7.606	0.006
	组内	4 231.307	1 125	3.761		
	总数	4 259.914	1 126			
大学创新创业教育的氛围	组间	43.463	1	43.463	11.181	0.001
	组内	4 373.080	1 125	3.887		
	总数	4 416.543	1 126			
大学创新创业教育成果转化	组间	19.404	1	19.404	4.854	0.028
	组内	4 497.197	1 125	3.998		
	总数	4 516.601	1 126			

表 6-20（续）

变量		平方和	自由度	均方	F 检验	显著性
大学统筹社会资源开展创新创业教育	组间	45.932	1	45.932	11.643	0.001
	组内	4 437.999	1 125	3.945		
	总数	4 483.931	1 126			

本书对是否接受过专门创新创业课程教育的大学生在各方面的评价均值进行了比较，结果见表 6-21。由表 6-21 可以看出，接受过专门创新创业课程教育的大学生对创新创业教育的评价要明显高于未接受过专门创新创业课程教育的大学生的评价。这表明，接受过专门创新创业课程教育的大学生更加认同创新创业教育，这也说明创新创业教育课程对于提高大学生对创新创业教育的认同度有较大的正向作用。

表 6-21　是否接受过专门创新创业课程教育的大学生对创新创业教育评价的均值比较

接受过专门课程教育情况	经费投入	硬件设施建设	师资队伍建设	课程建设	大学毕业生的创新创业意识	大学毕业生的创新创业能力	大学创新创业教育的氛围	大学创新创业教育成果转化	大学统筹社会资源开展创新创业教育
是	6.72	6.70	6.65	6.54	6.34	6.09	6.56	6.10	6.42
否	6.16	6.13	6.23	6.00	5.99	5.76	6.15	5.83	6.00

第五，分析大学创新创业教育在是否参加过创新创业训练的大学生群体评价上的差异性。创新创业教育在大学生是否参加过创新创业训练上的单因素方差分析结果，见表 6-22。由表 6-22 可以看出，大学生是否接受过创新创业训练，对大学创新创业教育在经费投入、硬件设施建设、师资队伍建设、大学毕业生的创新创业意识、大学创新创业教育的氛围等 5 个方面的评价有显著性差异；在课程建设、大学毕业生的创新创业能

力、大学创新创业教育成果转化和大学统筹社会资源开展创新创业教育情况等 4 个方面没有显著差异。

表 6-22　创新创业教育在大学生是否参加过创新创业训练上的单因素方差分析结果

变量		平方和	自由度	均方	F 检验	显著性
经费投入	组间	84.897	1	84.897	19.855	0.000
	组内	4 810.326	1 125	4.276		
	总数	4 895.223	1 126			
硬件设施建设	组间	63.329	1	63.329	15.058	0.000
	组内	4 731.402	1 125	4.206		
	总数	4 794.731	1 126			
师资队伍建设	组间	35.847	1	35.847	8.836	0.003
	组内	4 564.150	1 125	4.057		
	总数	4 599.997	1 126			
课程建设	组间	15.153	1	15.153	3.577	0.059
	组内	4 765.427	1 125	4.236		
	总数	4 780.580	1 126			
大学毕业生的创新创业意识	组间	25.591	1	25.591	6.828	0.009
	组内	4 216.517	1 125	3.748		
	总数	4 242.108	1 126			
大学毕业生的创新创业能力	组间	11.897	1	11.897	3.151	0.076
	组内	4 248.016	1 125	3.776		
	总数	4 259.913	1 126			
大学创新创业教育的氛围	组间	28.808	1	28.808	7.386	0.007
	组内	4 387.735	1 125	3.900		
	总数	4 416.543	1 126			

表 6-22（续）

		平方和	自由度	均方	F 检验	显著性
大学创新创业教育成果转化	组间	8.256	1	8.256	2.060	0.151
	组内	4 508.345	1 125	4.007		
	总数	4 516.601	1 126			
大学统筹社会资源开展创新创业教育	组间	6.818	1	6.818	1.713	0.191
	组内	4 477.113	1 125	3.980		
	总数	4 483.931	1 126			

本书对上述有显著差异的 5 个方面的评价均值在是否参加过创新创业训练的大学生群体中进行了比较，结果见表 6-23。由表 6-23 可以看出，参加过创新创业训练的大学生对创新创业教育的评价要明显高于未参加过创新创业训练大学生的评价。这表明，参加过创新创业训练的大学生更加认可大学创新创业教育，这也说明创新创业训练对于提高大学生对创新创业教育的认同度有较大的正向作用。

表 6-23　是否参加过创新创业训练的大学生对创新创业教育评价的均值比较

是否参加过创新创业训练	经费投入	硬件设施建设	师资队伍建设	大学毕业生的创新创业意识	大学创新创业教育的氛围
是	6.72	6.65	6.62	6.32	6.51
否	6.16	6.16	6.25	6.01	6.18

第六，分析大学创新创业教育在是否有过创新创业实践经历的大学生群体评价上的差异性。创新创业教育在大学生是否有过创新创业实践经历上的单因素方差分析结果，见表 6-24。由表 6-24 可以看出，除大学统筹社会资源开展创新创业教育情况这 1 个方面外，是否有过创新创业实践经历的大学生群体对大学创新创业教育其他 8 个方面的评价都有显著性差异。

表 6-24 创新创业教育在大学生是否有过创新创业实践经历上的单因素方差分析结果

变量		平方和	自由度	均方	F 检验	显著性
经费投入	组间	67.733	1	67.733	15.784	0.000
	组内	4 827.490	1 125	4.291		
	总数	4 895.223	1 126			
硬件设施建设	组间	66.418	1	66.418	15.803	0.000
	组内	4 728.313	1 125	4.203		
	总数	4 794.731	1 126			
师资队伍建设	组间	63.621	1	63.621	15.778	0.000
	组内	4 536.376	1 125	4.032		
	总数	4 599.997	1 126			
课程建设	组间	38.024	1	38.024	9.020	0.003
	组内	4 742.556	1 125	4.216		
	总数	4 780.580	1 126			
大学毕业生的创新创业意识	组间	49.758	1	49.758	13.352	0.000
	组内	4 192.350	1 125	3.727		
	总数	4 242.108	1 126			
大学毕业生的创新创业能力	组间	29.683	1	29.683	7.894	0.005
	组内	4 230.230	1 125	3.760		
	总数	4 259.913	1 126			
大学创新创业教育的氛围	组间	27.775	1	27.775	7.120	0.008
	组内	4 388.768	1 125	3.901		
	总数	4 416.543	1 126			
大学创新创业教育成果转化	组间	25.237	1	25.237	6.321	0.012
	组内	4 491.364	1 125	3.992		
	总数	4 516.601	1 126			

表 6-24（续）

变量		平方和	自由度	均方	*F* 检验	显著性
大学统筹社会资源开展创新创业教育	组间	10.436	1	10.436	2.624	0.106
	组内	4 473.495	1 125	3.976		
	总数	4 483.931	1 126			

进一步对上述有差异性评价的 8 个方面的评价均值在有无创新创业实践经历的大学生群体中进行比较，结果见表 6-25。由表 6-25 可以看出，在这 8 个方面，拥有过创新创业实践经历的大学生对大学创新创业教育的评价高于没有创新创业实践经历的大学生。这表明，有创新创业实践经历的大学生更加认可创新创业教育，这也说明创新创业实践经历对于提高大学生对创新创业教育的认同度有较大的正向作用。

表 6-25　有无创新创业实践经历的大学生对创新创业教育评价的均值比较

有无创新创业实践经历	经费投入	硬件设施建设	师资队伍建设	课程建设	大学毕业生的创新创业意识	大学毕业生的创新创业能力	大学创新创业教育的氛围	大学创新创业教育成果转化
有	6.82	6.79	6.83	6.55	6.51	6.19	6.60	6.21
无	6.24	6.21	6.26	6.11	6.01	5.80	6.22	5.85

6.1.2　科技型中小企业创新发展的描述性统计分析

6.1.2.1　科技型中小企业创新发展的总体描述性统计分析

本书主要采用了 5 个问题来对科技型中小企业创新发展进行测量，具体包括：

Q2-1：据您了解，当前科技型中小企业内部管理能力如何？

Q2-2：据您了解，当前科技型中小企业文化品牌塑造水平如何？

Q2-3：据您了解，与其他类型的企业相比，科技型中小企业的产品或服务的竞争力如何？

Q2-4：据您了解，当前科技型中小企业技术创新能力如何？

Q2-5：据您了解，当前科技型中小企业统筹社会资源（如与高校、科研院所等机构合作）开展科技创新的能力如何？

科技型中小企业创新发展各题项得分分布、均值和标准差统计，见表表6-26。由表6-26可知，在5个题项中，受访者普遍认为科技型中小企业的技术创新能力（Q2-4）较强，其均值最高，为6.35，约有70%的受访者在此题项上选择了6分及以上。其他题项按均值排序依次为：统筹社会资源能力（Q2-5）（6.28）＞产品或服务竞争力（Q2-3）（6.24）＞内部管理能力（Q2-1）（6.22）＞文化品牌塑造水平（Q2-2）（6.15）。

表6-26　科技型中小企业创新发展各题项得分分布、均值和标准差统计

分值	题项				
	Q2-1	Q2-2	Q2-3	Q2-4	Q2-5
1	1.72%	1.82%	1.72%	1.67%	1.58%
2	1.15%	1.34%	0.96%	1.19%	1.29%
3	3.34%	4.35%	4.16%	3.73%	4.2%
4	6.93%	7.26%	6.69%	5.59%	5.11%
5	16.53%	17.1%	16.96%	15.62%	17.58%
6	19.3%	17.92%	17.87%	19.06%	17.3%
7	19.78%	18.63%	18.2%	19.73%	19.97%
8	13.62%	13.71%	15.05%	15.53%	14.72%
9	6.02%	6.78%	6.78%	6.64%	6.78%
10	11.61%	11.08%	11.61%	11.23%	11.47%
均值	6.22	6.15	6.24	6.35	6.28
标准差	1.894	1.951	1.947	1.913	1.929

从统计分析结果可以看出，受访者均认可目前科技型中小企业技术创新能力，给予其较高的评价；受访者认为科技型中小企业统筹社会资源开展科技创新的能力、科技型中小企业的产品或服务竞争力较强。这些结果出现的原因在于，面对市场环境不断变化的情况，科技型中小企业能够积极响应，更加重视开展技术变革与创新，更加重视协同创新；同时由于科技型中小企业规模较小，其产品或服务能较好地适应外部情况的变化。另一方面，受访者普遍认为科技型中小企业内部管理能力、科技型中小企业文化品牌塑造水平不是很强。这些结果也比较符合中小企业的普遍特点：企业规模小、生存压力大，在内部管理和文化品牌塑造的投入和经营上无法做到深入、细腻，甚至都没有办法做到特别规范。

此外，通过比较各题的标准差，可以发现各题的差异较小，基本都在1.9左右。其中，题项Q2-2的标准差最高，说明受访者对科技型中小企业文化品牌塑造水平的评价存在较大差异，打分情况存在一定的分化；题项Q2-1的标准差最低，说明受访者对科技型中小企业内部管理能力的评价存在着较高的一致性。

6.1.2.2 科技型中小企业创新发展在不同群体评价上的差异性分析

本书运用单因素方差分析及均值分析的方法探讨不同群体对科技型中小企业创新发展评价的差异性。科技型中小企业创新发展在不同群体上的单因素方差分析结果，见表6-27。由表6-27可以看出，各类群体对科技型中小企业的内部管理能力、文化品牌塑造水平、产品或服务竞争力、技术创新能力和统筹社会资源能力等5个方面的评价均有显著性差异。

表6-27 科技型中小企业创新发展在不同群体上的单因素方差分析结果

变量		平方和	自由度	均方	F检验	显著性
内部管理能力	组间	52.925	2	26.463	8.603	0.000
	组内	4 703.383	1 529	3.076		
	总数	4 756.308	1 531			

表 6-27（续）

		平方和	自由度	均方	F 检验	显著性
文化品牌塑造水平	组间	30.930	2	15.465	4.807	0.008
	组内	4 919.479	1 529	3.217		
	总数	4 950.409	1 531			
产品或服务竞争力	组间	44.785	2	22.392	6.896	0.001
	组内	4 964.878	1 529	3.247		
	总数	5 009.663	1 531			
技术创新能力	组间	43.363	2	21.681	7.004	0.001
	组内	4 733.281	1 529	3.096		
	总数	4 776.644	1 531			
统筹社会资源能力	组间	71.767	2	35.884	11.346	0.000
	组内	4 835.695	1 529	3.163		
	总数	4 907.462	1 531			

进一步对各类群体在上述 5 个方面的评价均值进行比较，结果见表 6-28。表 6-28 中的一个明显的特点是：3 个群体在对科技型中小企业创新发展评价的所有方面都呈现出现了明显的分层。群体评价具体排序是：科技型中小企业负责人＞在校大学生＞大学教师。这表明科技型中小企业负责人这个群体对于自己所在的企业群体发展情况的认同度较高，各方面的均值都超过了 6.4 分，持乐观态度。而大学教师对科技型中小企业创新发展则持谨慎态度，各方面的均值都在 6 分左右；在校大学生对科技型中小企业创新发展的评价介于企业负责人和大学教师之间。

表 6-28　不同群体对科技型中小企业创新发展评价的均值比较

不同群体	内部管理能力	文化品牌塑造水平	产品或服务竞争力	技术创新能力	统筹社会资源能力
企业负责人	6.65	6.44	6.63	6.67	6.70

表 6-28（续）

不同群体	内部管理能力	文化品牌塑造水平	产品或服务竞争力	技术创新能力	统筹社会资源能力
大学教师	5.96	5.90	5.99	6.03	5.86
在校大学生	6.19	6.11	6.20	6.29	6.25

进一步，将样本按照科技型中小企业负责人、大学教师和在校大学生等 3 个群体分为 3 个子样本，分别剖析各子样本内部评价的差异性。

（1）科技型中小企业创新发展在企业负责人群体评价上的差异性分析

第一，分析科技型中小企业创新发展在不同类别企业负责人群体评价上的差异性。运用单因素方差分析不同类别企业负责人对科技型中小企业创新发展评价的差异性，可得到表 6-29。由表 6-29 可以看出，不同类别企业负责人在对科技型中小企业创新发展的评价没有明显差异，表明各类企业负责人对科技型中小企业创新发展认同较为一致，没有显著不同。

表 6-29　科技型中小企业创新发展在不同类别企业负责人上的单因素方差分析结果

变量		平方和	自由度	均方	F 检验	显著性
内部管理能力	组间	48.291	8	6.036	1.727	0.094
	组内	688.544	197	3.495		
	总数	736.835	205			
文化品牌塑造水平	组间	34.307	8	4.288	1.123	0.349
	组内	752.494	197	3.820		
	总数	786.801	205			
产品或服务竞争力	组间	45.712	8	5.714	1.524	0.151
	组内	738.507	197	3.749		
	总数	784.219	205			

表 6-29（续）

变量		平方和	自由度	均方	*F* 检验	显著性
技术创新能力	组间	44.351	8	5.544	1.599	0.127
	组内	683.202	197	3.468		
	总数	727.553	205			
统筹社会资源能力	组间	35.115	8	4.389	1.205	0.298
	组内	717.822	197	3.644		
	总数	752.937	205			

第二，分析科技型中小企业创新发展在不同工作年限的企业负责人群体评价上的差异性。运用单因素方差分析不同工作年限的企业负责人对科技型中小企业创新发展评价的差异性，可得到表 6-30。由表 6-30 可以看出，不同工作年限的企业负责人在对科技型中小企业创新发展 5 个方面的评价上都有显著差异，说明不同工作年限的企业负责人对科技型中小企业创新发展的评价明显不同。

表 6-30 科技型中小企业创新发展在不同工作年限企业负责人上的单因素方差分析结果

变量		平方和	自由度	均方	*F* 检验	显著性
内部管理能力	组间	48.373	3	16.124	4.731	0.003
	组内	688.462	202	3.408		
	总数	736.835	205			
文化品牌塑造水平	组间	40.512	3	13.504	3.655	0.013
	组内	746.289	202	3.695		
	总数	786.801	205			
产品或服务竞争力	组间	54.259	3	18.086	5.005	0.002
	组内	729.959	202	3.614		
	总数	784.218	205			

表 6-30（续）

变量		平方和	自由度	均方	F 检验	显著性
技术创新能力	组间	54.299	3	18.100	5.431	0.001
	组内	673.255	202	3.333		
	总数	727.553	205			
统筹社会资源能力	组间	63.621	3	21.207	6.215	0.000
	组内	689.316	202	3.412		
	总数	752.937	205			

进一步对不同工作年限的企业负责人群体在各方面的评价均值进行比较，结果见表 6-31。由表 6-31 可以看出，工作年限在 4～6 年和 7～9 年的企业负责人对科技型中小企业创新发展的评价较高；工作年限在 10 年及以上的企业负责人评价次之；工作年限较短（1～3 年）的企业负责人评价最低。这说明工作年限最短的企业负责人群体对企业目前的发展状况存在更多的焦虑。

表 6-31　不同工作年限企业负责人对科技型中小企业创新发展评价的均值比较

工作年限	内部管理能力	文化品牌塑造水平	产品或服务竞争力	技术创新能力	统筹社会资源能力
1～3 年	5.94	5.82	5.78	5.84	5.82
4～6 年	7.08	6.80	6.97	7.10	7.22
7～9 年	7.21	7.03	7.21	7.18	7.21
≥10 年	6.50	6.27	6.66	6.65	6.65

第三，分析科技型中小企业创新发展在不同岗位企业负责人群体评价上的差异性。运用单因素方差分析不同岗位企业负责人对科技型中小企业创新发展评价的差异性，可得到表 6-32。由表 6-32 可以看出，不同岗位企业负责人对科技型中小企业创新发展的评价没有明显差异。这说

明如何评价科技型中小企业创新发展，与企业负责人所处的岗位并不显著相关。

表 6-32 科技型中小企业创新发展在不同岗位企业负责人上的单因素方差分析结果

变量		平方和	自由度	均方	F 检验	显著性
内部管理能力	组间	19.917	6	3.319	0.921	0.481
	组内	716.918	199	3.603		
	总数	736.835	205			
文化品牌塑造水平	组间	23.660	6	3.943	1.028	0.408
	组内	763.140	199	3.835		
	总数	786.800	205			
产品或服务竞争力	组间	34.350	6	5.725	1.519	0.173
	组内	749.868	199	3.768		
	总数	784.218	205			
技术创新能力	组间	12.409	6	2.068	0.575	0.750
	组内	715.145	199	3.594		
	总数	727.554	205			
统筹社会资源能力	组间	30.917	6	5.153	1.420	0.208
	组内	722.020	199	3.628		
	总数	752.937	205			

(2) 科技型中小企业创新发展在大学教师人群评价上的差异性分析

第一，分析科技型中小企业创新发展在不同大学教师群体评价上的差异性。运用单因素方差分析不同大学教师对科技型中小企业创新发展评价的差异性可得到表 6-33。由表 6-33 可以看出，不同大学教师对科技型中小企业创新发展的评价没有明显差异。这说明不同大学教师群体对科技型中小企业创新发展的评价，没有显著不同。

表 6-33　科技型中小企业创新发展在不同大学教师上的单因素方差分析结果

变量		平方和	自由度	均方	*F* 检验	显著性
内部管理能力	组间	7.956	3	2.652	0.801	0.495
	组内	645.723	195	3.311		
	总数	653.679	198			
文化品牌塑造水平	组间	5.066	3	1.689	0.501	0.682
	组内	656.924	195	3.369		
	总数	661.990	198			
产品或服务竞争力	组间	5.059	3	1.686	0.490	0.690
	组内	670.921	195	3.441		
	总数	675.980	198			
技术创新能力	组间	13.045	3	4.348	1.162	0.326
	组内	729.829	195	3.743		
	总数	742.874	198			
统筹社会资源能力	组间	3.675	3	1.225	0.339	0.797
	组内	703.662	195	3.609		
	总数	707.337	198			

第二，分析科技型中小企业创新发展在不同工作年限教师群体评价上的差异性。运用单因素方差分析不同工作年限教师对科技型中小企业创新发展评价的差异性可得到表 6-34。由表 6-34 可以看出，除了科技型中小企业产品或服务竞争力这 1 个方面外，不同工作年限教师对科技型中小企业创新发展的其他 4 个方面的评价都有显著差异。

表 6-34 科技型中小企业创新发展在
不同工作年限教师上的单因素方差分析结果

变量		平方和	自由度	均方	F 检验	显著性
内部管理能力	组间	57.502	3	19.167	6.269	0.000
	组内	596.177	195	3.057		
	总数	653.679	198			
文化品牌塑造水平	组间	52.194	3	17.398	5.563	0.001
	组内	609.796	195	3.127		
	总数	661.990	198			
产品或服务竞争力	组间	25.325	3	8.442	2.530	0.058
	组内	650.655	195	3.337		
	总数	675.980	198			
技术创新能力	组间	60.560	3	20.187	5.769	0.001
	组内	682.314	195	3.499		
	总数	742.874	198			
统筹社会资源能力	组间	47.199	3	15.733	4.647	0.004
	组内	660.137	195	3.385		
	总数	707.336	198			

进一步对上述有显著性差异的 4 个方面的评价均值进行比较，结果见表 6-35。由表 6-35 可以看出，工作年限在 1～3 年的教师对科技型中小企业创新发展的评价最高，这说明年轻教师更看好科技型中小企业的发展前景。

表 6-35 不同工作年限大学教师对
科技型中小企业创新发展评价的均值比较

工作年限	内部管理能力	文化品牌塑造水平	技术创新能力	统筹社会资源能力
1～3 年	6.57	6.49	6.61	6.46

表 6-35（续）

工作年限	内部管理能力	文化品牌塑造水平	技术创新能力	统筹社会资源能力
4～6 年	6.04	5.78	5.91	5.57
7～9 年	6.17	6.21	6.50	6.08
≥10 年	5.96	5.90	6.03	5.86

第三，分析科技型中小企业创新发展在是否参与过创新创业教育工作教师群体评价上的差异性。运用单因素方差分析是否参与过创新创业教育工作教师群体对科技型中小企业创新发展评价的差异性，可得到表 6-36。由表 6-36 可以看出，无论是否参与过创新创业教育工作，教师对科技型中小企业创新发展的评价没有明显差异。这说明，目前参加过创新创业教育工作的教师，对科技型中小企业创新发展的评价，和其他教师并无显著不同。

表 6-36　科技型中小企业创新发展在是否参与过创新创业教育工作教师上的差异性分析

变量		平方和	自由度	均方	F 检验	显著性
内部管理能力	组间	0.010	1	0.010	0.003	0.957
	组内	653.669	197	3.318		
	总数	653.679	198			
文化品牌塑造水平	组间	1.690	1	1.690	0.504	0.479
	组内	660.300	197	3.352		
	总数	661.990	198			
产品或服务竞争力	组间	0.493	1	0.493	0.144	0.705
	组内	675.487	197	3.429		
	总数	675.980	198			

表 6-36（续）

变量		平方和	自由度	均方	F 检验	显著性
技术创新能力	组间	0.427	1	0.427	0.113	0.737
	组内	742.447	197	3.769		
	总数	742.874	198			
统筹社会资源能力	组间	0.355	1	0.355	0.099	0.754
	组内	706.982	197	3.589		
	总数	707.337	198			

第四，分析科技型中小企业创新发展在是否担任过大学生创新创业教育指导工作的教师群体评价上的差异性。运用单因素方差分析是否担任过大学生创新创业教育指导工作的教师群体对科技型中小企业创新发展评价的差异性，可得到表 6-37。由表 6-37 可以看出，有没有担任过创新创业教育指导工作的教师，对科技型中小企业创新发展的评价没有显著差异。这说明，目前担任过创新创业教育指导工作的教师，对科技型中小企业创新发展的评价和其他教师并无显著不同。

表 6-37　科技型中小企业创新发展在是否担任过大学生创新创业教育指导工作的教师上差异性分析

变量		平方和	自由度	均方	F 检验	显著性
内部管理能力	组间	3.550	1	3.550	1.076	0.301
	组内	650.128	197	3.300		
	总数	653.678	198			
文化品牌塑造水平	组间	2.741	1	2.741	0.819	0.367
	组内	659.249	197	3.346		
	总数	661.990	198			
产品或服务竞争力	组间	0.518	1	0.518	0.151	0.698
	组内	675.462	197	3.429		
	总数	675.980	198			

表 6-37（续）

变量		平方和	自由度	均方	F 检验	显著性
技术创新能力	组间	1.403	1	1.403	0.373	0.542
	组内	741.471	197	3.764		
	总数	742.874	198			
统筹社会资源能力	组间	3.095	1	3.095	0.866	0.353
	组内	704.242	197	3.575		
	总数	707.337	198			

第五，分析科技型中小企业创新发展在是否指导过大学生创新创业项目教师群体评价上的差异性。运用单因素方差分析是否指导过大学生创新创业项目的教师对科技型中小企业创新发展评价的差异性，可得到表 6-38。由表 6-38 可以看出，指导过和没有指导过创新创业项目的教师对科技型中小企业创新发展的评价没有显著差异。

表 6-38　科技型中小企业创新发展在是否指导过大学生创新创业项目教师上差异性分析

变量		平方和	自由度	均方	F 检验	显著性
内部管理能力	组间	1.455	1	1.455	0.439	0.508
	组内	652.223	197	3.311		
	总数	653.678	198			
文化品牌塑造水平	组间	1.870	1	1.870	0.558	0.456
	组内	660.120	197	3.351		
	总数	661.990	198			
产品或服务竞争力	组间	0.203	1	0.203	0.059	0.808
	组内	675.777	197	3.430		
	总数	675.980	198			

表 6-38（续）

变量		平方和	自由度	均方	F 检验	显著性
技术创新能力	组间	1.714	1	1.714	0.456	0.500
	组内	741.160	197	3.762		
	总数	742.874	198			
统筹社会资源能力	组间	0.004	1	0.004	0.001	0.972
	组内	707.332	197	3.591		
	总数	707.336	198			

(3) 科技型中小企业创新发展在高校学生群体评价上的差异性分析

第一，分析科技型中小企业创新发展在不同高校学生群体评价上的差异性。运用单因素方差分析不同高校学生群体对科技型中小企业创新发展评价的差异性，可得到表 6-39。由表 6-39 可以看出，不同高校的学生群体对科技型中小企业创新发展各方面的评价均有显著性差异。

表 6-39　科技型中小企业创新发展在不同高校学生群体上的单因素方差分析结果

变量		平方和	自由度	均方	F 检验	显著性
内部管理能力	组间	99.153	3	33.051	11.549	0.000
	组内	3 213.716	1 123	2.862		
	总数	3 312.869	1 126			
文化品牌塑造水平	组间	137.693	3	45.898	15.464	0.000
	组内	3 332.996	1 123	2.968		
	总数	3 470.689	1 126			
产品或服务竞争力	组间	130.220	3	43.407	14.445	0.000
	组内	3 374.460	1 123	3.005		
	总数	3 504.680	1 126			

表 6-39（续）

变量		平方和	自由度	均方	F 检验	显著性
技术创新能力	组间	69.341	3	23.114	8.128	0.000
	组内	3 193.512	1 123	2.844		
	总数	3 262.853	1 126			
统筹社会资源能力	组间	88.929	3	29.643	10.129	0.000
	组内	3 286.492	1 123	2.927		
	总数	3 375.421	1 126			

不同高校学生群体对科技型中小企业创新发展评价的均值比较，见表 6-40。由表 6-40 可以看出，徐州工程学院的学生对科技型中小企业创新发展的评价最高，均值都超过了 6.3，中国矿业大学的学生评价次之，分值与徐州工程学院的学生十分接近，东南大学的学生对科技型中小企业创新发展的评价较低，均值都在 6.0 以下。这应该既与各个高校的教育特点有关，也与各个高校学生群体自身的特点有关。

表 6-40　不同高校学生群体对科技型中小企业创新发展评价的均值比较

高校	内部管理能力	文化品牌塑造水平	产品或服务竞争力	技术创新能力	统筹社会资源能力
徐州工程学院	6.43	6.39	6.46	6.47	6.46
东南大学	5.80	5.67	5.79	5.99	5.88
中国矿业大学	6.31	6.28	6.36	6.42	6.42

第二，分析科技型中小企业创新发展在不同年级大学生群体评价的差异性。运用单因素方差分析不同年级大学生对科技型中小企业创新发展评价的差异性，可得到表 6-41。由表 6-41 可以看出，不同年级大学生对科技型中小企业创新发展各方面的评价均有显著性差异。

表 6-41　科技型中小企业创新发展在不同年级大学生上的单因素方差分析结果

变量		平方和	自由度	均方	F 检验	显著性
内部管理能力	组间	103.794	4	25.948	9.072	0.000
	组内	3 209.076	1 122	2.860		
	总数	3 312.870	1 126			
文化品牌塑造水平	组间	125.063	4	31.266	10.485	0.000
	组内	3 345.626	1 122	2.982		
	总数	3 470.689	1 126			
产品或服务竞争力	组间	109.998	4	27.500	9.089	0.000
	组内	3 394.681	1 122	3.026		
	总数	3 504.679	1 126			
技术创新能力	组间	92.719	4	23.180	8.204	0.000
	组内	3 170.134	1 122	2.825		
	总数	3 262.853	1 126			
统筹社会资源能力	组间	102.664	4	25.666	8.799	0.000
	组内	3 272.757	1 122	2.917		
	总数	3 375.421	1 126			

不同年级大学生对科技型中小企业创新发展评价的均值比较，见表 6-42。由表 6-42 可以看出，低年级本科生（大学一年级和大学二年级）对科技型中小企业创新发展的评价较高，均值都在 6.4 分以上；而高年级本科生（大学三年级和大学四年级）和研究生的评价较低，均值大部分都在 6.3 分以下，其中研究生的评价均值都在 6.0 分以下。可以看出，随着入学年限的增加，大学生对科技型中小企业创新发展的评价越来越低。

表 6-42 不同年级大学生对科技型中小企业创新发展评价的均值比较

年级	内部管理能力	文化品牌塑造水平	产品或服务竞争力	技术创新能力	统筹社会资源能力
大学一年级	6.49	6.41	6.45	6.54	6.50
大学二年级	6.45	6.43	6.52	6.58	6.57
大学三年级	6.14	6.13	6.21	6.25	6.26
大学四年级	5.99	5.81	6.02	6.12	6.03
研究生	5.75	5.64	5.73	5.87	5.82

第三，分析科技型中小企业创新发展在不同专业类别大学生群体评价上的差异性。运用单因素方差分析不同专业类别大学生对科技型中小企业创新发展评价的差异性，可得到表 6-43。由表 6-43 可以看出，不同专业大学生群体对科技型中小企业创新发展各方面的评价均有显著性差异。

表 6-43 科技型中小企业创新发展在不同专业大学生上的单因素方差分析结果

变量		平方和	自由度	均方	F 检验	显著性
内部管理能力	组间	31.782	4	7.946	2.717	0.029
	组内	3 281.087	1 122	2.924		
	总数	3 312.869	1 126			
文化品牌塑造水平	组间	51.884	4	12.971	4.257	0.002
	组内	3 418.804	1 122	3.047		
	总数	3 470.688	1 126			
产品或服务竞争力	组间	40.702	4	10.175	3.296	0.011
	组内	3 463.978	1 122	3.087		
	总数	3 504.680	1 126			

表 6-43（续）

变量		平方和	自由度	均方	*F* 检验	显著性
技术创新能力	组间	28.548	4	7.137	2.476	0.043
	组内	3 234.305	1 122	2.883		
	总数	3 262.853	1 126			
统筹社会资源能力	组间	34.532	4	8.633	2.899	0.021
	组内	3 340.889	1 122	2.978		
	总数	3 375.421	1 126			

不同专业大学生对科技型中小企业创新发展评价的均值比较，见表6-44。由表 6-44 可以看出，艺术类和体育类（艺体类）大学生对科技型中小企业创新发展各方面的评价均较高，均值都在 6.8 分以上；经管类大学生的评价次之，理工类和文史类的评价最低。这说明艺术和体育类的大学生群体更认同科技型中小企业的发展现状。

表 6-44　不同专业大学生对科技型中小企业创新发展评价的均值比较

专业	内部管理能力	文化品牌塑造水平	产品或服务竞争力	技术创新能力	统筹社会资源能力
理工类	6.07	5.92	6.05	6.17	6.14
文史类	6.13	6.10	6.09	6.17	6.22
经管类	6.25	6.23	6.34	6.39	6.32
艺体类	6.84	6.82	6.84	6.80	6.98
其他	6.39	6.42	6.26	6.55	6.16

第四，分析科技型中小企业创新发展在是否接受过专门创新创业课程教育的大学生群体评价上的差异性。科技型中小企业创新发展在大学生是否接受过专门创新创业课程教育上的单因素方差分析结果，见表 6-45。由表 6-45 可以看出，大学生是否接受过专门创新创业课程教育对科技型中小企业创新发展各方面评价都有显著性差异。接受过专门创

新创业课程教育的大学生与未接受过专门创新创业课程教育培训的大学生对科技型中小企业创新发展的评价有显著不同。

表 6-45 科技型中小企业创新发展在大学生是否接受过专门创新创业课程教育上的单因素方差分析结果

变量		平方和	自由度	均方	F 检验	显著性
内部管理能力	组间	11.564	1	11.564	3.941	0.047
	组内	3 301.306	1 125	2.934		
	总数	3 312.870	1 126			
文化品牌塑造水平	组间	11.075	1	11.075	3.601	0.048
	组内	3 459.613	1 125	3.075		
	总数	3 470.688	1 126			
产品或服务竞争力	组间	16.535	1	16.535	5.333	0.021
	组内	3 488.145	1 125	3.101		
	总数	3 504.680	1 126			
技术创新能力	组间	19.896	1	19.896	6.902	0.009
	组内	3 242.957	1 125	2.883		
	总数	3 262.853	1 126			
统筹社会资源能力	组间	13.681	1	13.681	4.578	0.033
	组内	3 361.741	1 125	2.988		
	总数	3 375.422	1 126			

本书对是否接受过专门创新创业课程教育的大学生群体在各方面的评价均值进一步进行了比较，结果见表 6-46。从表 6-46 可以看出，接受过专门创新创业课程教育的大学生对科技型中小企业创新发展的评价要明显高于未接受过专门创新创业课程教育的大学生。这说明接受过专门创新创业课程教育的大学生群体更认同科技型中小企业的发展现状。

表 6-46　是否接受过专门创新创业课程教育的大学生对科技型中小企业创新发展的均值比较

是否接受过专门创新创业课程教育	内部管理能力	文化品牌塑造水平	产品或服务竞争力	技术创新能力	统筹社会资源能力
是	6.31	6.24	6.35	6.46	6.39
否	6.11	6.03	6.11	6.18	6.17

第五，分析科技型中小企业创新发展在是否参加过创新创业训练的大学生群体评价上的差异性。科技型中小企业创新发展在大学生是否参加过创新创业训练上的单因素方差分析，见表 6-47。由表 6-47 可以看出，参加过和没参加过创新创业训练的大学生对科技型中小企业创新发展的评价结果有显著性差异。

表 6-47　科技型中小企业创新发展在大学生是否参加过创新创业训练上的单因素方差分析

变量		平方和	自由度	均方	F 检验	显著性
内部管理能力	组间	14.199	1	14.199	4.842	0.028
	组内	3 298.671	1 125	2.932		
	总数	3 312.870	1 126			
文化品牌塑造水平	组间	17.520	1	17.520	5.708	0.017
	组内	3 453.169	1 125	3.069		
	总数	3 470.689	1 126			
产品或服务竞争力	组间	17.037	1	17.037	5.496	0.019
	组内	3 487.643	1 125	3.100		
	总数	3 504.680	1 126			

表 6-47（续）

变量		平方和	自由度	均方	F 检验	显著性
技术创新能力	组间	11.274	1	11.274	3.901	0.049
	组内	3 251.579	1 125	2.890		
	总数	3 262.853	1 126			
统筹社会资源能力	组间	32.028	1	32.028	10.777	0.001
	组内	3 343.394	1 125	2.972		
	总数	3 375.422	1 126			

对是否参加过创新创业训练的大学生群体在各方面的评价均值进一步进行比较的结果，见表 6-48。由表 6-48 可以看出，接受过创新创业训练的大学生群体对科技型中小企业创新发展的评价要明显高于未参加过创新创业训练的大学生。这说明，接受过创新创业训练的大学生群体更认同科技型中小企业的发展现状。

表 6-48 是否接受过专门创新创业训练的大学生对科技型中小企业创新发展的均值比较

是否接受过专门创新创业训练	内部管理能力	文化品牌塑造水平	产品或服务竞争力	技术创新能力	统筹社会资源能力
是	6.33	6.27	6.36	6.41	6.47
否	6.10	6.01	6.10	6.21	6.12

第六，分析科技型中小企业创新发展在是否有过创新创业实践经历的大学生群体评价上的差异性。科技型中小企业创新发展在大学生是否有过创新创业实践经历上的单因素方差分析，见表 6-49。由表 6-49 可以看出，有过和没有过创新创业实践经历的大学生群体对科技型中小企业创新发展的评价有显著性差异。

表 6-49　科技型中小企业创新发展在大学生是否有过创新创业实践经历上的单因素方差分析

变量		平方和	自由度	均方	F 检验	显著性
内部管理能力	组间	24.578	1	24.578	8.409	0.004
	组内	3 288.291	1 125	2.923		
	总数	3 312.870	1 126			
文化品牌塑造水平	组间	21.848	1	21.848	7.127	0.008
	组内	3 448.841	1 125	3.066		
	总数	3 470.689	1 126			
产品或服务竞争力	组间	17.654	1	17.654	5.696	0.017
	组内	3 487.026	1 125	3.100		
	总数	3 504.680	1 126			
技术创新能力	组间	21.126	1	21.126	7.331	0.007
	组内	3 241.728	1 125	2.882		
	总数	3 262.854	1 126			
统筹社会资源能力	组间	19.029	1	19.029	6.378	0.012
	组内	3 356.392	1 125	2.983		
	总数	3 375.421	1 126			

对是否有过创新创业实践经历的大学生群体在各方面的评价均值进行比较的结果，见表 6-50。由表 6-50 可以看出，拥有创新创业实践经历的大学生对科技型中小企业创新发展的评价要明显高于没有创新创业实践经历的大学生。这说明拥有创新创业实践经历的大学生群体更认同科技型中小企业的发展现状。

表 6-50　是否有过创新创业实践经历的
大学生对科技型中小企业创新发展的均值比较

是否有过创新创业实践经历	内部管理能力	文化品牌塑造水平	产品或服务竞争力	技术创新能力	统筹社会资源能力
是	6.46	6.37	6.43	6.54	6.49
否	6.11	6.04	6.13	6.21	6.18

6.1.3　大学创新创业教育与科技型中小企业创新发展的影响因素描述性统计分析

本书将大学创新创业教育与科技型中小企业创新发展的影响因素分为 5 个维度：人才、资本、技术信息、知识、政策，下面将逐一对各维度所包含的变量进行描述性统计分析。

6.1.3.1　人才

人才这一维度包括创新创业指导教师和学生创新创业素养这两个要素。其中，创新创业指导教师要素主要通过创新创业指导教师结构体系和知识体系来进行测量；学生创新创业素养要素主要通过创业意识培养、创业素养培养、创业经验、创新意识、组织协调能力、企业家精神、人才支撑和创业者品质等方面来进行测量。

具体来说，测量创业指导教师要素的题项为：

Q3-1：据您了解，大学聘任科技型中小企业负责人作为大学生创新创业指导教师的工作开展情况如何？

对学生创新创业素养要素通过 4 个题项进行测量，具体为：

Q4-1：据您了解，大学为大学生提供创新创业机会的情况如何？（主要测量创业经验）

Q5-1：据您了解，大学对学生创新创业意识培养方面的工作开展情况如何？

Q6-1：据您了解，大学培养学生创新创业能力这项工作开展情况如何？（主要测量创业素养培养、组织协调能力和创业者品质等创业能力）

Q7-1：据您了解，大学在创新创业教育中对学生的企业家精神培养情况如何？

人才各题项得分统计分析，见表 6-51。

表 6-51　人才各题项得分统计分析

分值	题项				
	Q3-1	Q4-1	Q5-1	Q6-1	Q7-1
1	1.69%	1.6%	1.5%	1.6%	1.74%
2	1.92%	1.13%	1.46%	1.78%	1.74%
3	4.55%	4.41%	3.66%	3.62%	4.04%
4	6.43%	5.92%	5.16%	4.84%	6.01%
5	15.73%	13%	14.13%	13.19%	13.29%
6	16.95%	15.73%	15.49%	16.53%	16.62%
7	19.15%	18.5%	18.87%	20.05%	18.31%
8	14.69%	17.61%	17.84%	17.89%	17.18%
9	6.1%	8.83%	9.2%	8.12%	8.17%
10	12.77%	13.29%	12.68%	12.39%	12.91%
均值	6.45	6.74	6.75	6.72	6.64
标准差	2.055	2.044	2.009	1.998	2.075

从表 6-51 可以看出，受访者对当前大学聘任科技型中小企业负责人作为大学生创新创业指导教师的工作开展情况（Q3-1）认可度一般，其均值为 6.45，明显低于测量学生创新创业素养各题项的均值。在学生创新创业素养方面，可以看出，受访者最为认可大学生创业意识和创新意识培养方面（Q5-1）的工作开展情况，其均值为 6.75，与其他题项的标准差相比较低，说明受访者对创业意识和创新意识培养情况认可度较为一致；其他题项得分按均值高低依次为：创业经验（Q4-1）（6.74）＞创新创业能力（Q6-1）（6.72）＞企业家精神（Q7-1）（6.64）。

6.1.3.2　资本

资本这一维度包括市场和资金两个要素。其中,市场要素主要通过市场把握水平和市场机会识别来进行测量;资金要素主要通过起始资金和项目运行资金来进行测量。

具体来说,测量市场把握水平的题项为:

Q8-1:据您了解,大学在创新创业教育中对行业发展趋势的教育情况如何?

测量市场机会识别的题项为:

Q9-1:据您了解,大学在创新创业教育中对市场竞争环境的教育情况如何?

测量起始资金的 2 个题项为:

Q10-1:据您了解,大学对大学生创新创业进行初创资金的支持力度如何?

Q10-2:据您了解,科技型中小企业对大学生创新创业进行初创资金的支持力度如何?

测量项目运行资金的 2 个题项为:

Q11-1:据您了解,大学对大学生创新创业项目进行后续融资支持情况如何?

Q11-2:据您了解,科技型中小企业对大学生创新创业项目进行后续融资支持情况如何?

资本各题项得分统计分析,见表 6-52。

表 6-52　资本各题项得分统计分析

分值	题项					
	Q8-1	Q9-1	Q10-1	Q10-2	Q11-1	Q11-2
1	1.5%	1.6%	1.9%	1.6%	2.3%	1.9%
2	1.3%	2.1%	2.4%	2.4%	2.4%	2.3%
3	4.5%	4.3%	4.3%	3.8%	4.6%	3.1%

表 6-52（续）

分值	题项					
	Q8-1	Q9-1	Q10-1	Q10-2	Q11-1	Q11-2
4	5%	5.7%	5.7%	6.8%	6.4%	7.4%
5	12.1%	12.9%	12%	12.7%	12.8%	13.9%
6	17.4%	18.1%	17.2%	18%	17.6%	18.3%
7	20.9%	19.5%	19.8%	20.2%	19.7%	19.3%
8	17.6%	17.3%	17.6%	17.2%	16.2%	16.8%
9	9.8%	9.3%	9.9%	8.6%	8.8%	8.1%
10	9.8%	9.2%	9.4%	8.8%	9.1%	8.9%
均值	6.77	6.65	6.67	6.61	6.54	6.56
标准差	2.021	2.063	2.107	2.055	2.135	2.065

从表 6-52 可以看出，在市场方面，受访者认为大学对市场的把握水平（Q8-1）要高于其对市场机会的识别（Q9-1）水平，前者的均值为 6.77，后者的均值为 6.65。在资金方面，大学和科技型中小企业对大学生创新创业进行起始资金的支持情况（Q10-1、Q10-2）的均值分别为 6.67 和 6.61；大学和科技型中小企业对项目运行资金投入情况（Q11-1、Q11-2）的均值分别为 6.54 和 6.56。这说明受访者普遍认为大学和科技型中小企业对大学生创新创业起始资金的投入情况要优于对大学生创新创业项目运行资金的投入情况；而且，大学更重视对大学生创新创业起始资金的支持，企业更重视对大学生创新创业后续运行资金的支持。

6.1.3.3 技术信息

技术信息这一维度包括科学技术和资源共享这两个要素。其中，科学技术要素主要通过创业项目、技术支撑和专业成果转化来进行测量；资源共享要素主要通过资源整合与利用、企业实践平台来进行测量。

具体来看，测量创业项目的 2 个题项为：

Q12-1：据您了解，大学向大学生提供创新创业训练项目数量情况如何?

Q12-2:据您了解,科技型中小企业向大学生提供创新创业训练项目数量情况如何?

测量技术支撑的2个题项为:

Q13-1:据您了解,在专业技术提升方面,大学为大学生创新创业活动提供的指导情况如何?

Q13-2:据您了解,在专业技术提升方面,科技型中小企业为大学生创新创业活动提供的指导情况如何?

测量专业成果转化的2个题项为:

Q14-1:据您了解,大学在科技成果转化工作方面开展情况如何?

Q14-2:据您了解,科技型中小企业在科技成果转化工作方面开展情况如何?

测量资源整合与利用的2个题项为:

Q15-1:据您了解,大学在协助大学生进行创新创业资源整合利用方面的工作开展情况如何?

Q15-2:据您了解,科技型中小企业在协助大学生进行创新创业资源整合利用方面的工作开展情况如何?

测量企业实践平台的题项为:

Q16-1:据您了解,大学与科技型中小企业共建实习实践平台这项工作开展情况如何?

技术信息各题项得分统计分析,见表6-53。

表6-53 技术信息各题项得分统计分析

分值	题项								
	Q12-1	Q12-2	Q13-1	Q13-2	Q14-1	Q14-2	Q15-1	Q15-2	Q16-1
1	1.6%	1.8%	1.5%	1.3%	1.3%	1.2%	1.4%	1.2%	1%
2	1.3%	2.1%	1.6%	2.1%	1.7%	2%	1.6%	1.6%	1.7%
3	4%	3.8%	3.7%	3%	4.4%	3.5%	3.6%	3.2%	4.1%
4	5.5%	7.2%	4.9%	5.8%	6.1%	5.2%	6.1%	6.5%	5.5%

表 6-53（续）

分值	题项								
	Q12-1	Q12-2	Q13-1	Q13-2	Q14-1	Q14-2	Q15-1	Q15-2	Q16-1
5	12.2%	13.6%	13.4%	15.1%	13%	12%	12.2%	13.6%	13.8%
6	16.4%	17.5%	16.3%	17.6%	17.2%	19.4%	16.8%	18.1%	16.1%
7	20.6%	19.2%	20.9%	20%	20.2%	20.6%	20.6%	19.4%	20.8%
8	17.9%	17.3%	19.2%	17.3%	18.4%	17.4%	19%	18.7%	17.9%
9	10.5%	8.9%	8.8%	9.1%	8.5%	9%	9.2%	8.9%	9.1%
10	10.1%	8.7%	9.7%	8.7%	9.2%	9.7%	9.4%	8.8%	10%
均值	6.80	6.59	6.76	6.66	6.68	6.74	6.75	6.70	6.75
标准差	2.042	2.068	2.007	1.996	2.025	1.996	2.010	1.975	2.011

从表 6-53 可知，在科学技术要素方面，受访者认为大学为大学生提供创新创业训练项目的情况（Q12-1）最好，均值为 6.80；其次是大学为大学生创新创业活动提供的指导情况（Q13-1），均值为 6.76；再次是科技型中小企业科技成果转化工作开展情况（Q14-2），均值为 6.74；其他的题项按均值排序依次为：大学在科技成果转化工作方面开展情况（Q14-1）（均值为 6.68）、科技型中小企业为大学生创新创业活动提供的指导情况（Q13-2）（均值为 6.66）、科技型中小企业向大学生提供创新创业训练项目情况（Q12-2）（均值为 6.59）。由表 6-53 可以看出，在大学创新创业教育和科技型中小企业创新发展这两个系统中，在科学技术要素方面，受访者对大学的评价要好于对企业的评价。

在资源共享方面，受访者对大学协助大学生进行创新创业资源整合利用、大学与科技型中小企业共建实习实践平台这两方面（Q15-1、Q16-1）的评价均值都是 6.75，标准差也基本一致，说明受访者对这两个方面的评价没有明显差异，评价均值略高于对科技型中小企业协助大学生进行创新创业资源整合利用方面的评价均值（6.70）。由表 6-53 可以看出，在大学创新创业教育和科技型中小企业创新发展这两个系统中，在资源共享方面，受访者对大学的评价也要好于对企业的评价。

6.1.3.4 知识

知识这一维度包括专业知识和实践技能这两个要素。其中,专业知识要素主要通过创新创业课程教学、专业知识技能、传统文化教育来进行测量;实践技能要素主要通过企业实践学习和学校实践模拟来进行测量。

具体来说,测量创新创业课程教学、专业知识技能、传统文化教育、企业实践学习、学校实践模拟的题项分别为:

Q17-1:据您了解,大学为学生提供专门的创新创业课程教育这项工作开展情况如何?

Q18-1:据您了解,大学为学生提供良好的专业知识教育这项工作开展情况如何?

Q19-1:据您了解,大学为学生提供诚实、忠诚等传统文化教育这项工作开展情况如何?

Q20-1:据您了解,大学积极引导学生到企业参加实习实践这项工作开展情况如何?

Q21-1:据您了解,大学鼓励学生参加校内创业的模拟实践这项工作开展情况如何?

知识各题项得分统计分析,见表 6-54。

表 6-54 知识各题项得分统计分析

分值	题项				
	Q17-1	Q18-1	Q19-1	Q20-1	Q21-1
1	1.3%	1.1%	1.2%	1.2%	1.2%
2	2%	1.4%	1.5%	1.1%	1.3%
3	3.5%	3.3%	4.3%	3.3%	3.6%
4	5.5%	5.7%	4.6%	5.3%	4.7%
5	12.3%	12%	12%	11.8%	12.6%
6	17%	15.1%	15%	15.2%	13.9%
7	19.3%	18.6%	19.4%	19.3%	21.2%

表 6-54（续）

分值	题项				
	Q17-1	Q18-1	Q19-1	Q20-1	Q21-1
8	19.3%	20.4%	20.7%	20.3%	18.9%
9	10.2%	11.8%	9.9%	11.1%	11.9%
10	9.5%	10.5%	11.5%	11.4%	10.6%
均值	6.78	6.93	6.91	6.96	6.93
标准差	2.030	2.008	2.041	2.000	2.008

从表 6-54 可知，在专业知识方面，受访者对大学专业知识技能培养的评价（Q18-1）最高，其均值为 6.93，标准差为 2.008，说明受访者的打分情况一致性较高；其次是对传统文化教育的评价（Q19-1）较高，其均值为 6.91；最低的是对创新创业课程教学的评价（Q17-1），其均值为 6.78。由表 6-54 可以看出，受访者普遍认可大学专业知识技能和传统文化的教育，而创新创业课程教学的评价较低。在实践技能方面，受访者对企业实践学习和学校实践模拟的评价（Q20-1、Q21-1）均值分别为 6.96 和 6.93。由此可见，受访者对大学引导学生到企业进行实践学习的评价要优于对大学鼓励学生在学校开展校内创业实践模拟的评价。

6.1.3.5 政策

政策这一维度包括制度设计和机制完善这两个要素。其中，制度设计主要是通过技术保护政策、学校支持政策和国家支持政策来进行测量；机制完善主要是通过校企对接机制和校企合作文化氛围来进行测量。

具体来说，测量技术保护政策、学校支持政策的题项分别为：

Q22-1：据您了解，在创新创业教育中，大学对知识产权相关政策的宣传教育重视程度如何？

Q23-1：据您了解，在鼓励大学生创新创业方面，大学自身的政策制定情况如何？

测量国家支持政策的题项为：

Q24-1：据您了解，大学对国家有关大学生创新创业教育政策的落实情况如何？

Q24-2：据您了解，科技型中小企业对国家有关大学生创新创业教育政策的落实情况如何？

测量校企对接机制和校企合作文化氛围的题项为：

Q25-1：据您了解，目前校企合作对接机制的情况如何？

Q26-1：据您了解，目前校企合作文化氛围的情况如何？

政策各题项得分统计分析，见表 6-55。

表 6-55 政策各题项得分统计分析

分值	题项					
	Q22-1	Q23-1	Q24-1	Q24-2	Q25-1	Q26-1
1	1.2%	1.3%	1.3%	1.1%	1.3%	1.5%
2	2.1%	1.6%	1.2%	1.3%	1.8%	1.5%
3	4.2%	4%	3.6%	3.7%	3.8%	3.5%
4	5.4%	4.7%	4.4%	5.2%	5.2%	5.8%
5	12.3%	13.2%	12.4%	13%	11.6%	12%
6	15.4%	14.4%	15%	16.5%	16%	14.8%
7	20%	21.4%	19.6%	19.5%	19.9%	19.5%
8	18.2%	19.2%	20.2%	18.6%	19.4%	20.1%
9	10.5%	10.2%	11.5%	11.1%	10.2%	10.6%
10	10.8%	10%	10.9%	10%	10.8%	10.8%
均值	6.81	6.82	6.95	6.85	6.86	6.87
标准差	2.070	2.024	2.004	1.991	2.042	2.046

从表 6-55 可知，在制度设计方面，受访者对各类政策的评价按均值从高到低依次排序为：国家支持政策（Q24-1、Q24-2）、学校支持政策（Q23-1）、技术保护政策（Q22-1）的均值依次为 6.95、6.85、6.82 和 6.81，测量国家支持政策的 2 个题项的标准差在 3 类政策测量值中也最低。可以看出，受访者对大学和企业落实国家政策的情况最为认可，且认可度较为一致。在机制完善方面，校企对接机制（Q25-1）和校企合作文化氛围（Q26-1）的均值分别为 6.86 和 6.87，两者标准差分别为 2.042 和 2.046，差异均较小。

6.2 相关性分析

6.2.1 大学创新创业教育与各影响因素的相关性分析

验证理论模型中各变量间的相关性是探讨模型中各变量间关系结构和进行全模型检验的基础和前提。本书采用 Spearman 相关系数对大学创新创业教育与各影响因素之间的相关性进行检验。

6.2.1.1 大学创新创业教育与人才因素的相关性分析

本部分对大学创新创业教育和人才因素进行 Spearman 相关性分析。人才因素包括创新创业指导教师和学生创新创业素养两个要素。大学创新创业教育与人才因素的相关性分析结果见表 6-56。由表 6-56 可知，大学创新创业教育和创新创业指导教师要素的相关系数为 0.750，大学创新创业教育和学生创新创业素养要素的相关系数为 0.840，且均在 0.01 水平（双侧）上显著相关。这说明，大学创新创业教育和创新创业指导教师、学生创新创业素养这两个要素都有非常显著的正相关关系，且大学创新创业教育和学生创新创业素养要素的相关性要高于与创新创业指导教师要素的相关性。大学创新创业教育的发展完善有利于创新创业指导教师的发展，也能够促进大学生创新创业素养的提高；反过来，创新创业指导教师的发展或大学生创新创业素养的提高也有益于大学创新创业教育的进一步发展完善。

表 6-56　大学创新创业教育与人才因素的相关性分析结果

变量		创新创业教育	创新创业指导教师	学生创新创业素养
创新创业教育	相关系数	1.000	0.750**	0.840**
	显著性(双尾)	0.000	0.000	0.000
创业指导教师	相关系数	0.750**	1.000	0.786**
	显著性(双尾)	0.000	0.000	0.000
学生创新创业素养	相关系数	0.840**	0.786**	1.000
	显著性(双尾)	0.000	0.000	0.000

注：** 表示在 0.01 水平(双侧)上显著相关。

6.2.1.2　大学创新创业教育与资本因素的相关性分析

本部分对大学创新创业教育和资本因素进行 Spearman 相关性分析。资本因素包括市场和资金两个要素。大学创新创业教育与资本因素的相关性分析结果，见表 6-57。由表 6-57 可知，大学创新创业教育和市场的相关系数为 0.800，大学创新创业教育和资金的相关系数为 0.805，且均在 0.01 水平(双侧)上显著相关。这说明，大学创新创业教育和市场、资本这两个要素都有非常显著的正相关关系，且大学创新创业教育和资金要素的相关性要高于与市场要素的相关性。大学创新创业教育和资金或市场都是互为促进的，但是和资金的互促性更大一些。

表 6-57　大学创新创业教育与资本因素的相关性分析结果

变量		创新创业教育	市场	资金
创新创业教育	相关系数	1.000	0.800**	0.805**
	显著性(双尾)	0.000	0.000	0.000
市场	相关系数	0.800**	1.000	0.858**
	显著性(双尾)	0.000	0.000	0.000
资金	相关系数	0.805**	0.858**	1.000
	显著性(双尾)	0.000	0.000	0.000

注：** 表示在 0.01 水平(双侧)上显著相关。

6.2.1.3 大学创新创业教育与技术信息因素的相关性分析

本部分对大学创新创业教育技术信息因素进行 Spearman 相关性分析。技术信息因素包括科学技术和资源共享两个要素。大学创新创业教育技术信息因素的相关性分析结果,见表 6-58。由表 6-58 可知,大学创新创业教育和科学技术要素的相关系数为 0.816;大学创新创业教育和资源共享要素的相关系数为 0.801;且均在 0.01 水平(双侧)上显著相关。这说明,大学创新创业教育和科学技术、资源共享这两个要素都有非常显著的正相关关系,且大学创新创业教育与科学技术要素的相关性要高于与资源共享要素的相关性。

表 6-58 大学创新创业教育与技术信息因素的相关性分析结果

变量		创新创业教育	科学技术	资源共享
创新创业教育	相关系数	1.000	0.816**	0.801**
	显著性(双尾)	0.000	0.000	0.000
科学技术	相关系数	0.816**	1.000	0.925**
	显著性(双尾)	0.000	0.000	0.000
资源共享	相关系数	0.801**	0.925**	1.000
	显著性(双尾)	0.000	0.000	0.000

注:** 在 0.01 水平(双侧)上显著相关。

6.2.1.4 大学创新创业教育与知识因素的相关性分析

本部分对大学创新创业教育和知识因素进行 Spearman 相关性分析。知识因素包括专业知识和实践技能两个要素。大学创新创业教育与知识因素的相关性分析结果,见表 6-59。由表 6-59 可知,大学创新创业教育和专业知识要素的相关系数为 0.777,大学创新创业教育和实践技能要素的相关系数为 0.734,且均在 0.01 水平(双侧)上显著相关。这说明,大学创新创业教育和科专业知识、实践技能这两个要素都有非常显著的正相关关系,且大学创新创业教育与专业知识要素的相关性要高于与实践技能要素的相关性。大学创新创业教育和专业知识、实践技能要素均能互为促进，且大学创新创业教育和专业知识要素的相互促进作用更强。

表 6-59 大学创新创业教育与知识因素的相关性分析结果

变量		创新创业教育	专业知识	实践技能
创新创业教育	相关系数	1.000	0.777**	0.734**
	显著性(双尾)	0.000	0.000	0.000
专业知识	相关系数	0.777**	1.000	0.889**
	显著性(双尾)	0.000	0.000	0.000
实践技能	相关系数	0.734**	0.889**	1.000
	显著性(双尾)	0.000	0.000	0.000

注：** 表示在 0.01 水平(双侧)上显著相关。

6.2.1.5 大学创新创业教育与政策因素的相关性分析

本部分对大学创新创业教育和政策因素进行 Spearman 相关性分析。政策因素包括制度设计和机制完善两个要素。大学创新创业教育与政策因素的相关性分析结果，见表 6-60。由表 6-60 可知，大学创新创业教育和制度设计要素的相关系数为 0.779，大学创新创业教育和机制完善要素的相关系数为 0.726，且均在 0.01 水平(双侧)上显著相关。这说明，大学创新创业教育和制度设计、机制完善这两个要素都有非常显著的正相关关系，且大学创新创业教育与制度设计要素的相关性要高于与机制完善要素的相关性。制度设计比机制完善更能促进大学创新创业教育的发展。

表 6-60 大学创新创业教育与政策因素的相关性分析结果

变量		创新创业教育	制度设计	机制完善
创新创业教育	相关系数	1.000	0.779**	0.726**
	显著性(双尾)	0.000	0.000	0.000

表 6-60（续）

变量		创新创业教育	制度设计	机制完善
制度设计	相关系数	0.779**	1.000	0.893**
	显著性(双尾)	0.000	0.000	0.000
机制完善	相关系数	0.726**	0.893**	1.000
	显著性(双尾)	0.000	0.000	0.000

注：** 表示在 0.01 水平(双侧)上显著相关。

6.2.2 科技型中小企业创新发展与各影响因素的相关性分析

本书采用 Spearman 相关系数来分析科技型中小企业创新发展与各影响因素之间的相关性。

6.2.2.1 科技型中小企业创新发展与人才因素的相关性分析

本部分对科技型中小企业创新发展和人才因素进行 Spearman 相关性分析。人才因素包括创新创业指导教师和学生创新创业素养两个要素。科技型中小企业创新发展与人才因素的相关性分析结果，见表 6-61。由表 6-61 可知，科技型中小企业创新发展和创新创业指导教师要素的相关系数为 0.733，科技型中小企业创新发展和学生创新创业素养要素的相关系数为 0.774，且均在 0.01 水平(双侧)上显著相关。这说明，科技型中小企业创新发展和创新创业指导教师、学生创新创业素养两个要素都有非常显著的正相关关系，且科技型中小企业创新发展和学生创新创业素养要素的相关性要高于与创新创业指导教师要素的相关性。科技型中小企业创新发展有利于创新创业指导教师的发展，并能够促进大学生创新创业素养的提高；反过来，创新创业指导教师的发展和大学生创新创业素养的提高也有益于科技型中小企业创新发展。

表 6-61 科技型中小企业创新发展与人才因素的相关性分析结果

变量		科技型中小企业创新发展	创业指导教师	学生创新创业素养
科技型中小企业创新发展	相关系数	1.000	0.733**	0.774**
	显著性(双尾)	0.000	0.000	0.000
创业指导教师	相关系数	0.7773**	1.000	0.786**
	显著性(双尾)	0.000	0.000	0.000
学生创新创业素养	相关系数	0.774**	0.786**	1.000
	显著性(双尾)	0.000	0.000	0.000

注：** 表示在 0.01 水平(双侧)上显著相关。

6.2.2.2 科技型中小企业创新发展与资本因素的相关性分析

本部分对科技型中小企业创新发展和资本因素进行 Spearman 相关性分析。资本因素包括市场和资金两个要素。科技型中小企业创新发展与资本因素的相关性分析结果，见表 6-62。由表 6-62 可知，科技型中小企业创新发展和市场要素的相关系数为 0.751，科技型中小企业创新发展和资金要素的相关系数为 0.741，且均在 0.01 水平(双侧)上显著相关。这说明，科技型中小企业创新发展和市场、资本两个要素都有非常显著的正相关关系，且科技型中小企业创新发展和市场要素的相关性要高于与资金要素的相关性。科技型中小企业创新发展和资金或市场要素是互为促进的，但是和市场要素的互促性更大一些。

表 6-62 科技型中小企业创新发展与资本因素的相关性分析结果

变量		科技型中小企业创新发展	市场	资金
科技型中小企业创新发展	相关系数	1.000	0.751**	0.741**
	显著性(双尾)	0.000	0.000	0.000
市场	相关系数	0.751**	1.000	0.858**
	显著性(双尾)	0.000	0.000	0.000

表 6-62（续）

变量		科技型中小企业创新发展	市场	资金
资金	相关系数	0.741**	0.858**	1.000
	显著性(双尾)	0.000	0.000	0.000

注：** 表示在 0.01 水平(双侧)上显著相关。

6.2.2.3 科技型中小企业创新发展与技术信息因素的相关性分析

本部分对科技型中小企业创新发展和技术信息因素进行 Spearman 相关性分析。技术信息因素包括科学技术和资源共享两个要素。科技型中小企业创新发展与技术信息因素的相关性分析结果，见表 6-63。由表 6-63 可知，科技型中小企业创新发展和科学技术要素的相关系数为 0.773，科技型中小企业创新发展和资源共享要素的相关系数为 0.750，且均在 0.01 水平(双侧)上显著相关。这说明，科技型中小企业创新发展和科学技术、资源共享两个要素都有非常显著的正相关关系，且科技型中小企业创新发展与科学技术要素的相关性要高于与资源共享要素的相关性。科技型中小企业创新发展和科学技术要素能够更好地互为促进。

表 6-63 科技型中小企业创新发展与技术信息因素的相关性分析结果

变量		科技型中小企业创新发展	科学技术	资源共享
科技型中小企业创新发展	相关系数	1.000	0.773**	0.750**
	显著性(双尾)	0.000	0.000	0.000
科学技术	相关系数	0.773**	1.000	0.925**
	显著性(双尾)	0.000	0.000	0.000
资源共享	相关系数	0.750**	0.925**	1.000
	显著性(双尾)	0.000	0.000	0.000

注：** 表示在 0.01 水平(双侧)上显著相关。

6.2.2.4 科技型中小企业创新发展与知识因素的相关性分析

本部分对科技型中小企业创新发展和知识因素进行 Spearman 相关

性分析。知识因素包括专业知识和实践技能两个要素。科技型中小企业创新发展与知识因素的相关性分析结果，见表6-64。由表6-64可知，科技型中小企业创新发展和专业知识要素的相关系数为0.719，科技型中小企业创新发展和实践技能要素的相关系数为0.670，且均在0.01水平（双侧）上显著相关。这说明，科技型中小企业创新发展和专业知识、实践技能两个要素都有非常显著的正相关关系，且科技型中小企业创新发展与专业知识要素的相关性要高于与实践技能要素的相关性。科技型中小企业创新发展和专业知识或实践技能要素均能互为促进，且科技型中小企业创新发展和专业知识要素的相互促进作用更强。

表6-64　科技型中小企业创新发展与知识因素的相关性分析结果

变量		科技型中小企业创新发展	专业知识	实践技能
科技型中小企业创新发展	相关系数	1.000	0.719**	0.670**
	显著性（双尾）	0.000	0.000	0.000
专业知识	相关系数	0.719**	1.000	0.889**
	显著性（双尾）	0.000	0.000	0.000
实践技能	相关系数	0.670**	0.889**	1.000
	显著性（双尾）	0.000	0.000	0.000

注：** 表示在0.01水平（双侧）上显著相关。

6.2.2.5　科技型中小企业创新发展与政策因素的相关性分析

本部分对科技型中小企业创新发展和政策因素进行Spearman相关性分析。政策因素包括制度设计和机制完善两个要素。科技型中小企业创新发展与政策因素的相关性分析结果，见表6-65。由表6-65可知，科技型中小企业创新发展和制度设计要素的相关系数为0.724，科技型中小企业创新发展和机制完善要素的相关系数为0.679，且均在0.01水平（双侧）上显著相关。这说明，科技型中小企业创新发展和制度设计、机制完善两个要素都有非常显著的正相关关系，且与制度设计要素的相关性要高于与机制完善要素的相关性。制度设计要素比机制完善要素能更好地促进科技型中小企业创新发展。

表 6-65　科技型中小企业创新发展与政策因素的相关性分析结果

变量		科技型中小企业创新发展	制度设计	机制完善
科技型中小企业创新发展	相关系数	1.000	0.724**	0.679**
	显著性(双尾)	0.000	0.000	0.000
制度设计	相关系数	0.724**	1.000	0.893**
	显著性(双尾)	0.000	0.000	0.000
机制完善	相关系数	0.679**	0.893**	1.000
	显著性(双尾)	0.000	0.000	0.000

注：** 表示在 0.01 水平(双侧)上显著相关。

6.3　中介效应分析

本书使用 Mplus7 软件分析了大学创新创业教育与科技型中小企业创新发展影响因素的中介效应，构建了结构方程模型并进行了相应的路径检验。

结构方程模型以大学创新创业教育为自变量，以各影响因素中的要素为中介变量，以科技型中小企业创新发展为因变量。其中，影响因素包括人才、资本、技术信息、知识、政策等 5 个方面。本节将分别探讨这 5 类因素在大学创新创业教育与科技型中小企业创新发展之间的中介效应。

结构方程模型的拟合优度指数，见表 6-66。由表 6-66 可以看出，该模型的拟合指数均在可接受的范围内。

表 6-66　结构方程模型的拟合优度指数

χ^2 模型拟合度			近似均方根误差			比较拟合指数	非标准拟合指数	标准化均方根残余
值	自由度	P 值	估计值	90%置信区间	P 值			
51 227.507	990	0.000	0.061	0.059～0.062	0.000	0.896	0.889	0.040

大学创新创业教育与科技型中小企业创新发展影响因素的中介效应检验结果，见表 6-67。由表 6-67 可以看出，大学创新创业教育能够通过创新创业指导教师、市场、科学技术、专业知识、制度设计和机制完善等 6 个要素作用于科技型中小企业创新发展，而学生创新创业素养、资金、资源共享和实践技能等 4 个要素不是大学创新创业教育与科技型中小企业创新发展间的中介因素。

表 6-67　大学创新创业教育与科技型中小企业创新发展影响因素的中介效应检验结果

作用路径	估计值	标准差	双尾检验
$X \to Z1 \to Y$	3.836	0.564	0.000
$X \to Z2 \to Y$	−0.068	0.126	0.591
$X \to Z3 \to Y$	−0.321	0.107	0.003
$X \to Z4 \to Y$	−0.091	0.103	0.378
$X \to Z5 \to Y$	−1.077	0.279	0.000
$X \to Z6 \to Y$	−0.377	0.217	0.082
$X \to Z7 \to Y$	−0.378	0.157	0.016
$X \to Z8 \to Y$	−0.059	0.085	0.488
$X \to Z9 \to Y$	−0.243	0.102	0.018
$X \to Z10 \to Y$	−0.189	0.084	0.025

注：大学创新创业教育（X）、科技型中小企业创新发展（Y）、创新创业指导教师（$Z1$）、学生创新创业素养（$Z2$）、市场（$Z3$）、资金（$Z4$）、科学技术（$Z5$）、资源共享（$Z6$）、专业知识（$Z7$）、实践技能（$Z8$）、制度设计（$Z9$）、机制完善（$Z10$）。

表 6-69、表 6-71、表 6-73、表 6-74、表 6-76、表 6-78，同此。

6.3.1 人才因素的中介效应分析

通过前述研究可知，大学创新创业教育通过创新创业指导教师要素能够显著影响科技型中小企业创新发展，但学生创新创业素养要素并不是大学创新创业教育与科技型中小企业创新发展的中介因素。结合相关文献可知，学生创新创业素养要素可能会受到其他影响因素的影响后才能起到中介作用。本书主要考虑了创新创业指导教师、专业知识和实践技能等3个影响因素。人才因素的中介效应结构方程模型的拟合优度指数，见表6-68。由表6-68可以看出，该模型的拟合指数均在可接受的范围内。

表6-68 人才因素的中介效应结构方程模型的拟合优度指数

χ^2 模型拟合度			近似均方根误差			比较拟合指数	非标准拟合指数	标准化均方根残余
值	自由度	P值	估计值	90%置信区间	P值			
6 132.909	922	0.000	0.061	0.059～0.062	0.000	0.896	0.889	0.040

表6-69为创新创业指导教师、专业知识和实践技能3个要素调节学生创新创业素养要素的模型检验结果。由表6-69可以看出，在这3个要素中，只有创新创业指导教师要素可以通过学生创新创业素养要素显著作用于科技型中小企业创新发展。也就是说，创新创业指导教师要素不仅在大学创新创业教育和科技型中小企业创新发展起到中介作用，还能通过影响学生创新创业素养这一要素进而作用于科技型中小企业创新发展。大学创新创业教育不能通过专业知识或实践技能要素影响学生创新创业素养要素而作用于科技型中小企业创新发展。

表 6-69 创新创业指导教师、专业知识和实践技能调节对学生创新创业素养的调节效应检验结果

作用路径	估计值	标准差	双尾检验
$X \rightarrow Z2 \rightarrow Y$	3.336	0.883	0.000
$X \rightarrow Z1 \rightarrow Z2 \rightarrow Y$	−9.884	4.679	0.035
$X \rightarrow Z7 \rightarrow Z2 \rightarrow Y$	−0.133	0.635	0.834
$X \rightarrow Z8 \rightarrow Z2 \rightarrow Y$	0.358	0.389	0.357

6.3.2 资本因素的中介效应分析

资本因素主要包括市场和资金两个要素。通过前面的分析，大学创新创业教育通过市场要素能够显著地影响科技型中小企业创新发展，但是资金要素并不是大学创新创业教育与科技型中小企业创新发展的中介因素。

结合相关文献可知，资金要素通常不会受到其他因素的影响。此外，考虑到市场要素是通过市场把握水平（大学在创新创业教育中对学生进行行业发展趋势的教育情况）和市场机会识别（大学在创新创业教育中对学生进行市场竞争环境的教育情况）来进行测量的，可能会受到学生创新创业素养要素的影响，本部分将验证学生创新创业素养要素对市场要素的调节作用。资本因素的中介效应结构方程模型的拟合优度指数，见表6-70。由表6-70可以看出，该模型的拟合指数均在可接受的范围内。

表 6-70 资本因素的中介效应结构方程模型的拟合优度指数

χ^2 模型拟合度			近似均方根误差			比较拟合指数	非标准拟合指数	标准化均方根残余
值	自由度	P 值	估计值	90%置信区间	P 值			
6 092.325	924	0.000	0.060	0.059～0.062	0.000	0.897	0.890	0.040

表6-71为学生创新创业素养要素调节市场要素的模型检验结果。

由表 6-71 可以看出，与设想的不同，学生创新创业素养要素并不能通过调节市场要素来帮助大学创新创业教育促进科技型中小企业的发展。

表 6-71 学生创新创业素养对市场因素的调节效应检验结果

作用路径	估计值	标准差	双尾检验
$X \rightarrow Z3 \rightarrow Y$	−0.095	0.061	0.117
$X \rightarrow Z2 \rightarrow Z3 \rightarrow Y$	−0.136	0.073	0.063

6.3.3 技术信息因素的中介效应分析

技术信息因素主要包括科学技术和资源共享两个要素。通过前面的分析，大学创新创业教育通过科学技术要素能够显著地影响科技型中小企业创新发展，但是资源共享要素并不是大学创新创业教育与科技型中小企业创新发展的中介因素。

结合相关文献可知，资源共享这一要素可能会受到其他影响因素的影响后才能起到中介作用。本书主要考虑了制度设计和机制完善这 2 个要素；同时，还将验证资金要素对科学技术要素可能产生的影响。技术信息因素的中介效应结构方程模型的拟合优度指数，见表 6-72。由表 6-72 可以看出，该模型的拟合指数均在可接受的范围内。

表 6-72 技术信息因素的中介效应结构方程模型的拟合优度指数

χ^2 模型拟合度			近似均方根误差			比较拟合指数	非标准拟合指数	标准化均方根残余
值	自由度	P 值	估计值	90% 置信区间	P 值			
6 080.369	922	0.000	0.060	0.059～0.062	0.000	0.897	0.890	0.040

表 6-73 为制度设计和机制完善这 2 个要素调节资源共享要素的模型检验结果。由表 6-73 可以看出，制度设计要素和机制完善要素并不能

通过调节资源共享要素促进科技型中小企业的发展。

表 6-73　制度设计和机制完善对资源共享的调节效应检验结果

作用路径	估计值	标准差	双尾检验
$X \rightarrow Z6 \rightarrow Y$	−0.181	0.148	0.220
$X \rightarrow Z9 \rightarrow Z6 \rightarrow Y$	−0.025	0.023	0.290
$X \rightarrow Z10 \rightarrow Z6 \rightarrow Y$	−0.022	0.021	0.291

表 6-74 为资金要素调节科学技术要素的模型检验结果。由表 6-74 可以看出，科学技术要素在受到资金要素的调节作用下，依然能够帮助大学创新创业教育作用于科技型中小企业创新创业发展。

表 6-74　资金对科学技术的调节效应检验结果

作用路径	估计值	标准差	双尾检验
$X \rightarrow Z5 \rightarrow Y$	−0.614	0.205	0.003
$X \rightarrow Z4 \rightarrow Z5 \rightarrow Y$	−0.327	0.098	0.001

6.3.4　知识因素的中介效应分析

知识因素主要包括专业知识和实践技能两个要素。其中，大学创新创业教育通过专业知识要素能够显著地影响科技型中小企业创新发展，但是实践技能要素并不是大学创新创业教育与科技型中小企业创新发展的中介因素。结合相关文献，考虑实践技能这一要素可能会受到其他影响因素的影响后才能起到中介作用。本书主要考虑机制完善要素的影响。知识因素的中介效应结构方程模型的拟合优度指数，见表 6-75。由表 6-75 可以看出，该模型的拟合指数均在可接受的范围内。

表 6-75 知识因素的中介效应结构方程模型的拟合优度指数

χ^2 模型拟合度			近似均方根误差			比较拟合指数	非标准拟合指数	标准化均方根残余
值	自由度	P 值	估计值	90%置信区间	P 值			
5 1227.507	990	0.000	0.060	0.059～0.062	0.000	0.898	0.891	0.040

表 6-76 为机制完善要素调节实践技能要素的模型检验结果。由表 6-76 可以看出，与设想的不同，机制完善要素并不能通过调节实践技能要素来帮助大学创新创业教育作用于科技型中小企业的发展。

表 6-76 机制完善对实践技能的调节效应检验结果

作用路径	估计值	标准差	双尾检验
$X \to Z8 \to Y$	0.016	0.041	0.701
$X \to Z10 \to Z8 \to Y$	0.020	0.054	0.712

6.3.5 政策因素的中介效应分析

政策因素主要包括制度设计和机制完善两个要素。根据前面的分析，这两个要素均是大学创新创业教育和科技型中小企业创新发展之间的中介因素。也就是说，大学创新创业教育通过制度设计或机制完善要素能够显著地影响科技型中小企业创新发展。结合相关文献，考虑制度设计和机制完善这两个要素可能会相互影响，本书重点探讨并验证制度设计要素对机制完善要素的调节作用。政策因素的中介效应结构方程模型的拟合优度指数，见表 6-77。由表 6-77 可以看出，该模型的拟合指数均在可接受的范围内。

表 6-77 政策因素的中介效应结构方程模型的拟合优度指数

χ^2 模型拟合度			近似均方根误差			比较拟合指数	非标准拟合指数	标准化均方根残余
值	自由度	P 值	估计值	90%置信区间	P 值			
5 974.692	924	0.000	0.060	0.058～0.061	0.000	0.899	0.892	0.040

表 6-78 为制度设计要素调节机制完善要素的模型检验结果。由表 6-78 可以看出,与设想的不同,制度设计要素并不能通过调节机制完善要素来帮助大学创新创业教育作用于科技型中小企业的发展。

表 6-78　制度设计对机制完善的调节效应检验结果

作用路径	估计值	标准差	双尾检验
$X \rightarrow Z10 \rightarrow Y$	−0.066	0.107	0.540
$X \rightarrow Z9 \rightarrow Z10 \rightarrow Y$	−0.079	0.071	0.263

6.4　研究假设检验与模型修正

通过前述研究分析可以看出,前期归纳出来大学创新创业教育和科技型中小企业创新发展两者间的 5 类影响因素共 10 个要素,无论是和大学创新创业教育,还是和科技型中小企业创新发展都有显著的相关关系。在此基础上,对本书所提出的研究假设进行了检验。通过验证各影响因素在大学创新创业教育与科技型中小企业创新发展之间的中介作用,结果发现创业指导教师、市场、科学技术、专业知识、制度设计、机制完善等 6 个影响要素均能帮助大学创新创业教育直接作用于科技型中小企业创业发展,相应的 6 个研究假设成立;而学生创新创业素养、资金、资源共享、实践技能等 4 个影响要素不能帮助大学创新创业教育直接作用于科技型中小企业创业发展,相应的 4 个研究假设不成立。

进一步,通过验证部分因素之间的调节作用,结果发现学生创新创业素养这一要素虽然不是大学创新创业教育与科技型中小企业创新发展之间的中介因素,但是在创新创业指导教师这一要素的调节下,学生创新创业素养这一要素也会对科技型中小企业创新发展产生影响;与之类似,虽然资金要素不是大学创新创业教育和科技型中小企业创新发展间的中介因素,但是其能对科学技术要素产生促进作用影响,从而帮助大学创新创业教育通过科学技术要素作用于科技型中小企业创新发展。所以,关于调节作用的8个研究假设中，有2个成立，6个不成立。

根据对研究假设的检验，可知关于大学创新创业教育与科技型中小企业创新发展之间影响因素的18个研究假设，有10个假设不成立，8个假设成立，具体检验结果见表6-79。根据研究分析结果和研究假设检验结果，对本书在第4章构建的大学创新创业教育和科技型中小企业创新发展的影响机理理论模型图（图4-4）进行修正，得到大学创新创业教育和科技型中小企业创新发展的影响机理模型，见图6-1。

表6-79 研究假设检验结果

研究假设	结果
H1：大学创新创业教育通过创业指导教师直接作用于科技型中小企业创新发展	成立
H2：大学创新创业教育通过学生创新创业素养直接作用于科技型中小企业创新发展	不成立
H3：大学创新创业教育通过市场直接作用于科技型中小企业创新发展	成立
H4：大学创新创业教育通过资金直接作用于科技型中小企业创新发展	不成立
H5：大学创新创业教育通过科学技术直接作用于科技型中小企业创新发展	成立
H6：大学创新创业教育通过资源共享直接作用于科技型中小企业创新发展	不成立
H7：大学创新创业教育通过专业知识直接作用于科技型中小企业创新发展	成立
H8：大学创新创业教育通过实践技能直接作用于科技型中小企业创新发展	不成立
H9：大学创新创业教育通过制度设计直接作用于科技型中小企业创新发展	成立
H10：大学创新创业教育通过机制完善直接作用于科技型中小企业创新发展	成立
H11：创业指导教师能够帮助大学创新创业教育通过学生创新创业素养间接作用于科技型中小企业创新发展	成立
H12：学生创新创业素养能够帮助大学创新创业教育通过市场间接作用于科技型中小企业创新发展	不成立
H13：资金能够帮助大学创新创业教育通过科学技术间接作用于科技型中小企业创新发展	成立
H14：专业知识能够帮助大学创新创业教育通过学生创新创业素养间接作用于科技型中小企业创新发展	不成立

表 6-79（续）

研究假设	结果
H15:实践技能能够帮助大学创新创业教育通过学生创新创业素养间接作用于科技型中小企业创新发展	不成立
H16:制度设计能够帮助大学创新创业教育通过资源共享间接作用于科技型中小企业创新发展	不成立
H17:机制完善能够帮助大学创新创业教育通过实践技能间接作用于科技型中小企业创新发展	不成立
H18:制度设计能够帮助大学创新创业教育通过机制完善间接作用于科技型中小企业创新发展	不成立

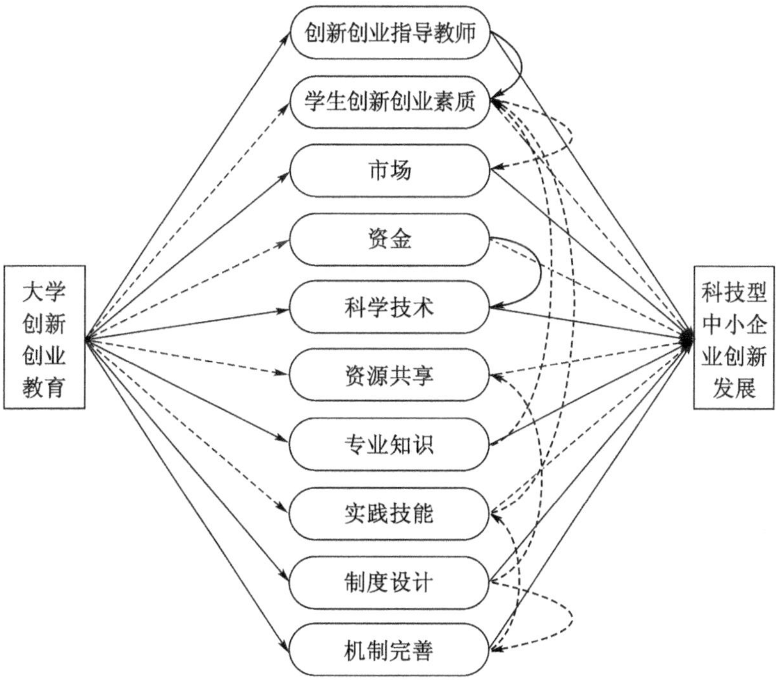

图 6-1　大学创新创业教育和
科技型中小企业创新发展影响机理模型

注:图中实线表示有显著影响,虚线表示没有显著影响。

6.5 本章小结

基于第 4 章的研究设计，本章对大学创新创业教育和科技型中小企业创新发展的影响因素进行了实证分析，并验证了本书所提出的研究假设，修正了大学创新创业教育和科技型中小企业创新发展影响机理模型。

第一，对大学创新创业教育、科技型中小企业创新发展现状进行了描述性统计分析，并分别解析了两个系统在不同群体评价之间的差异。

关于大学创新创业教育的评价，受访者认为教育投入状况(如经费、硬件设施、师资队伍等)要好于大学创新创业教育的产出状况(如大学毕业生的创新创业意识、大学创新创业教育成果转化情况、大学毕业生创新创业能力等)。这说明我国的大学生创新创业教育的工作成效还有很大的提升空间。

大学创新创业教育在不同群体间评价的差异性在主要体现在：① 在科技型中小企业负责人、大学教师、在校大学生等 3 个不同群体间的评价中，科技型中小企业负责人对大学创新创业教育评价最高，大学教师群体的评价最低。② 在科技型中小企业负责人群体中，不同类别企业的负责人的评价之间没有显著差异，不同岗位类别的企业负责人的评价之间也没有显著差异，但是不同工作年限的企业负责人的评价之间有显著差异，其中，工作年限在 1～3 年的企业负责人对大学创新创业教育的评价最低。③ 在大学教师群体中，来自不同大学的教师的评价之间、有没有参与过创新创业教育相关工作的教师的评价之间、有没有指导过大学生创新创业项目的教师的评价之间，都没有显著差异；但是，不同工作年限的教师评价之间有显著差异，且工作年限越短，对大学创新创业教育的评价越高；另外，有没有担任过创新创业教育指导工作的教师评价，在大学创新创业教育成果转化方面这 1 个方面的评价有显著差异，担任过指导教师的评价低于没有担任过指导教师的评价。④ 在在校大学生群体中，整体上看，来自不同高校的学生的评价之间有显著性差异；不同年级大学生的评价有显著性差异：低年级学生对大学生创新创业教育的评价更高；不同专业大学生评价之间有显著性差异：艺术体育类专业学生评价最高，经管类专业学生次之，理工类和文史类评价较低；接受过专门创新创业课程教育的大学生的评价、参加过创新创业训练的大学生的评价、有过创新创业实践经历的大学生的评价，都分别高于没有参加过相应活动的大学生的评价。

关于科技型中小企业创新发展的评价，受访者认为科技型中小企业创新发展几个方面的影响因素排序为：技术创新能力＞统筹社会资源能力＞产品或服务竞争力＞内部管理能力＞文化品牌塑造水平。这说明科技型中小企业的技术创新能力较强。

科技型中小企业创新发展在不同群体间评价的差异性主要体现为：① 在科技型中小企业负责人、大学教师、在校大学生等 3 个不同群体间的评价中，呈现出现了明显的分层，具体评价排序是：科技型中小企业负责人＞在校大学生＞大学教师。这说明大学教师群体对科技型中小企业的评价最低。② 在科技型中小企业负责人群体中，不同类别企业负责人的评价之间没有显著差异，不同岗位类别企业负责人的评价之间也没有显著差异，但是不同工作年限企业负责人的评价之间有显著差异，其中，工作年限在 1～3 年的企业负责人对科技型中小企业创新发展的评价最低。③ 在大学教师群体中，来自不同大学的教师的评价之间、有没有参与过创新创业教育相关工作的教师的评价之间、有没有担任过创新创业教育指导工作的教师的评价之间、有没有指导过大学生创新创业项目的教师的评价之间，都没有显著差异；但是，不同工作年限的教师评价之间有显著差异，且工作年限越短，对科技型中小企业创新发展的评价越高。④ 在在校大学生群体中，来自不同大学的学生的评价之间有显著性差异；不同年级大学生的评价有显著性差异：低年级学生对科技型中小企业创新发展的评价更高；不同专业大学生评价之间有显著性差异：艺术体育类专业学生评价最高，经管类专业学生次之，理工类和文史类评价较低；接受过专门创新创业课程教育的大学生的评价、参加过创新创业训练的大学生的评价、有过创新创业实践经历的大学生的评价分别高于没有参加过相应活动的大学生的评价。

第二，对大学创新创业教育和科技型中小企业创新发展两者间的各影响因素包含的变量进行了描述性统计分析。

① 在人才维度上，在创新创业指导教师要素方面，受访者对当前大学聘任科技型中小企业负责人作为大学生创新创业指导教师的工作开展情况认可度一般，明显低于对学生创新创业素养要素的认可度；在学生创新创业素养方面，受访者对大学创新创业教育的评价排序为：创新创业意识＞创业经验＞创新创业能力＞企业家精神。② 在资本维度上，在市场要素方面，受访者认为大学对学生在市场把握水平方面的教育要好于在市场机会识别方面的教育；在资金要素方面，受访者普遍认为大学和科技型中小企业对大学生创新创业起始资金的投入情况，要优于两者对大学生创新创业项目运行资金的投入情况，且大学更重视对大学生创新创业起始资金的支持，而科技型中小企业更重视对大学生创新创业后续运行资金的支持。③ 在技术信息维度上，在科学技术要素方面，受访者对大学的评价要好于对企业的评价，具体评价排序为：大学为大学生提供创新创业训练项目情况＞大学为大学生创新创业活动提供指导情况＞科技型中小企业科技成果转化情况＞大学科技成果转化情况＞科技型中小企业为大学生创新创业活动提供指导情况＞科技型中小企业向大学生提供创新创业训练项目情况；在资源共享要素方面，受访者对大学的评价也要好于对科技型中小企业的评价，具体评价排序为：大学协助大学生进行创新创业资源整合利用情况＞大学与科技型中小企业共建实习实践平台情况＞科技型中小企业协助大学生进行创新创业资源整合利用情况。④ 在知识维度上，在专业知识要素方面，受访者对大学创新创业教育中的专业知识技能培养的评价最高，其次为对传统文化教育的评价，最低的为对创新创业课程的评价；在实践技能要素方面，受访者对大学引导学生到科技型中小企业进行实践学习的评价要优于对大学鼓励学生在学校开展校内创业实践模拟的评价。⑤在政策维度上，在制度设计要素方面，受访者对各类政策的评价排序为：国家支持政策＞学校支持政策＞技术保护政策，受访者对大学和企业落实国家政策的情况最为认可，且认可度较为一致；在机制完善要素方面，受访者对校企对接机制和校企合作文化氛围的评

价相差甚微。

第三，验证了影响因素分别与大学创新创业教育、科技型中小企业创新发展之间的相关关系，继而验证了影响因素在两个系统中的中介作用和调节作用，检验了研究假设，修正了两个系统之间影响机理模型。

具体结论如下：各影响因素无论是和大学创新创业教育，还是和科技型中小企业创新发展都有显著的相关关系。创业指导教师、市场、科学技术、专业知识、制度设计、机制完善等 6 个要素在两个系统中具有中介作用，均能帮助大学创新创业教育直接作用于科技型中小企业创业发展，相应的 6 个中介作用的研究假设成立；学生创新创业素养、资金、资源共享、实践技能等 4 个要素不能帮助大学创新创业教育直接作用于科技型中小企业创业发展，相应的 4 个中介作用研究假设不成立。学生创新创业素养要素能够在创新创业指导教师这一要素的调节下会对科技型中小企业创新发展产生影响，研究假设成立；资金要素能对科学技术要素产生影响来帮助大学创新创业教育，即资金要素可以通过科学技术作用于科技型中小企业创新发展，研究假设成立。根据研究分析结果和研究假设检验结果，本章对大学创新创业教育和科技型中小企业创新发展的影响机理理论模型进行了修正，得到了大学创新创业教育和科技型中小企业创新发展的影响机理模型。

7

大学创新创业教育与科技型中小企业创新发展协同演化研究

在实证分析的基础上，通过构建博弈模型，分析人才、资本、技术信息、知识、政策等 5 类因素在大学创新创业教育和科技型中小企业创新发展两个系统演化过程的动态影响，对两个系统演化策略的作用机制和发展路径进行了动态分析和数值模拟。

前述章节利用扎根理论研究方法对大学创新创业教育和科技型中小企业创新发展的影响因素进行了分析，设计了调查问卷并获取了数据，探究了影响因素之间的关系。但是，仅从静态角度把握影响两者协同演化之间的关系仍显不足，影响因素分析的关键和着力点在于推进大学创新创业教育发展，促使科技型中小企业加快创新，更高效推动国民经济发展，缓解社会、环境等问题。由于社会、经济、科技、政治等处在变化之中，因此大学创新创业教育与科技型中小企业创新发展也面临不断变化与调整的外部环境，从静态角度进行的研究并不能对促进两者间更好相互影响促进提供有效借鉴。因此，本章从动态的视角对大学创新创业教育和科技型中小企业创新发展的影响因素和演化进程进行研究，以期更好地促进两者之间的相互作用和协同演化发展。

本章运用演化博弈分析方法，构建了大学创新创业教育与科技型中小企业创新发展两方演化博弈模型，分析了系统的稳定策略和条件，并利用 Matlab R2014a 软件进行了数值模拟，直观展示了不同情境下系统的稳定策略以及参数变化对演化路径、方向和速度的影响，为促进两者协同发展提供了借鉴。

7.1 模型假设及主要变量

7.1.1 问题描述和模型假设

7.1.1.1 问题描述

在如今科技飞速发展的时代，仅依靠科技型中小企业自身资源难以应对竞争激烈的市场环境，与大学创新创业教育建立稳定的协同演化发展机制成为必然选择。大学拥有具备专业知识的创新人才和资源，是创新活动顺利开展不可缺少的参与主体。但同时，大学的创新创业教育也存在严重不足。大学注重知识的理论性和前沿性，对市场需求敏感性不够，不能准确把握市场的实际需求，存在与市场脱节的现象。因此，大学创新创业教育需与科技型中小企业创新发展应建立协同合作机制。大学创新创业教育与科技型中小企业创新发展协同演化可以整合大学和科技型中小企业的资源优势，实现资源最优化配置，产生“1＋1＞2”的协同效应，使大学和科技型中小企业获得超额收益。

大学创新创业教育和科技型中小企业创新发展协同演化，是实现资源最优化配置的有效手段。大学和科技型创新企业协调发展，科技型中小企业可以利用大学创新创业知识有效创新，促进国家科技进步和经济高质量发展；大学可以从科技型创新企业那里获取实践经验，将学习、研究、市场和生产连接起来，形成高效循环系统。总之，大学创新创业教育与科技型创新企业创新发展协同演化，可以促使大学创新创业教育、科技型中小企业创新发展更具竞争力、共享利益。

但是，大学创新创业教育和科技型中小企业创新发展的演化活动面临的外部环境具有不确定性，存在较高的资本风险、技术风险和市场风险，保障二者的发展环境尤为重要。政府虽不是大学教育和科技型中小企业发展活动的直接参与者，但是却发挥重要的引导和调控角色，政府应增强对大学创新创业教育和科技型中小企业创新发展活动的引导和激励。一方面，政府可以通过制定相关政策引导大学和科技型中小企业结合自身优势建立协同演化机制。另一方面，政府可采取补贴、财政支持、优惠税收的方式，降低大学教育改革和科技型中小企业创新发展的风险，保障二者协同演化的稳定性。

综上，假设大学创新创业教育的选择策略为{协同演化，独立演化}，科技型中小企业创新发展选择策略为{协同演化，独立演化}。

7.1.1.2　模型假设

（1）假设1：策略假设

在创新创业教育上，选择和科技型中小企业协同演化的大学占全体大学的比例为X，剩余大学选择独立演化，则选择独立演化的大学占全体大学的比例$1-X$，$0\leqslant X\leqslant 1$。

在企业创新发展上，选择和大学创新创业教育协同演化的科技型中小企业占全体科技型中小企业的比例为Y，剩余科技型中小企业选择独立演化，则选择独立演化的科技型中小企业占全体科技型中小企业的比

例为 $1-Y, 0 \leqslant Y \leqslant 1$。

(2) 假设2:有限理性假设

政策环境、市场环境、投资风险、技术不确定等环境错综复杂,由于不完全信息和信息不对称等原因,人类的计算和认知能力有限,在行为决策时并非传统经济学假设的完全理性,而是有限理性。据此,假设大学和科技型中小企业均为有限理性主体。

(3) 假设3:进化假设

将生物学中进化理论应用到经济学和社会学中,假设主体之间也存在进化。进化本质上是一种学习与模仿的过程,群体不断改变自身行为更好地适应社会环境。假设大学和科技型中小企业为获取更高利益,模仿群体中其他个体的策略,较高收益策略取代较低收益策略。

7.1.2 主要变量

第4章的理论分析和第6章的实证分析结果都显示,大学创新创业教育和科技型中小企业创新活动主要与人才、资本、技术信息、知识、政策等5个因素存在相关关系。其中,人才因素包括创新创业指导老师和学生创新创业素养两个要素,资本因素包括市场和资金两个要素,技术信息因素包括科学技术和资源共享两个要素,知识因素包括专业知识和实践技能两个要素,政策因素包括制度设计和机制完善两个要素。通过对以上5类影响因素变量设计参数,可以探究各因素之间的影响关系和动态演化。

人才、资本、技术信息等3个因素主要与主体系统演化投入成本和产出有关,应用经济学中成本函数和道格拉斯生产函数纳入上述3个变量,探究之间的作用路径。知识因素作为大学创新创业教育的主要内容和演化发展的主要支撑起到举足轻重作用,在大学和科技型中小企业的协同演化中涉及知识转移和知识资本,对大学和企业各自知识储量、知识共享意愿和知识转化系数做出假设,探究知识共享的作用。政策因素是保证大学、企业协同发展和相互影响的主要外部因素,结合实际情况,主要探究政府何种补贴更能有效推动大学创新创业教育和企业创新发展两个系统协同发展。模型参数及释义，见表 7-1。

表 7-1 模型参数及释义

参数	释 义
S_1	大学选择协同演化时政府对大学的补贴
S_2	大学选择独立演化时政府对大学投入补贴
S_3	企业选择协同演化时政府对企业的补贴
S_4	企业选择独立演化时政府对企业的补贴
R	协同演化发展成功时的收益，$R_1=AL^{\alpha}K^{\beta}$。其中，A 指技术、制度等因素，L 指劳动力，ΔK 指资本，α 指劳动力产出的弹性系数，β 指资本产出的弹性系数
V_S	大学和企业选择协同演化的边际收益
C_1	大学选择协同演化时的成本，$C_1=L_1P_L+K_1P_K$。其中，L_1 指人才数量，P_L 指工资，K_1 指资本，P_K 指资本价格
C_2	企业协同演化时的成本，$C_2=L_2P_L+K_1P_K$
α	协同演化成功时大学和企业之间的收益分配系数
αRV_S	协同演化成功时大学的收益
$(1-\alpha)RV_S$	协同演化成功时企业的收益
ΔC_1	独立演化时，大学多投入的成本，$\Delta C_1=\Delta L_1P_L+\Delta K_1P_K$
ΔC_2	独立演化时，企业多投入的成本，$\Delta C_2=\Delta L_2P_L+\Delta K_2P_K$
V_C	大学独立演化的边际收益，RV_C 为大学独立演化的收益
V_E	企业独立演化的边际收益，RV_S 为企业独立演化的收益
K_i	协同演化主体的知识储量，$i=1,2$
δ_i	协同演化主体知识吸收能力，$i=1,2$
ε	知识转移的利润转化系数
γ	一方选择协同演化，另一方选择独立演化时的额外收益系数

为了不失一般性，假设政府对选择协同演化的大学和企业的补贴大于选择独立演化的大学和企业的补贴，即 $S_1>S_2$，$S_3>S_4$；协同演化的边

际收益大于独立演化的边际收益，即 $V_S>V_C$，$V_S>V_E$；企业独立演化的收益大于大学独立演化的收益，即 $V_E>V_C$；大学的知识储量大于企业的知识储量，即 $K_1>K_2$；一般认为大学的知识吸收能力大于企业的知识吸收能力，即 $\delta_1>\delta_2$。

7.2 博弈模型的建立

支付收益矩阵，见表 7-2。

表 7-2　支付收益矩阵

大学	科技型中小企业	
	协同演化	独立演化
协同演化	$\alpha V_S R-C_1+S_1+\varepsilon\delta_2 K_2$， $(1-\alpha)V_S R-C_2+S_3+\varepsilon\delta_1 K_1$	$V_C R-C_1-\Delta C_1+S_1$， $V_E R-C_2-\Delta C_2+S_4+\gamma R$
独立演化	$V_C R-C_1-\Delta C_1+S_2+\gamma R$， $V_E R-C_2-\Delta C_2+S_3$	$V_C R-C_1-\Delta C_1+S_2$， $V_E R-C_2-\Delta C_2+S_4$

大学选择协同演化策略的期望收益为：

$$\begin{aligned}U_{g1}&=Y(\alpha V_S R-C_1+S_1+\varepsilon\delta_2 K_2)+(1-Y)(V_C R-C_1-\Delta C_1+S_1)\\&=Y(\alpha V_S R-V_C R+\varepsilon\delta_2 K_2+\Delta C_1)+(V_C R-C_1-\Delta C_1+S_1)\end{aligned}\quad(7\text{-}1)$$

大学选择独立演化策略的期望收益为：

$$\begin{aligned}U_{g2}&=Y(V_C R-C_1-\Delta C_1+S_2+\gamma R)+(1-Y)(V_C R-C_1-\Delta C_1+S_2)\\&=Y\gamma R+V_C R-C_1-\Delta C_1+S_2\end{aligned}\quad(7\text{-}2)$$

大学的平均收益为：

$$\overline{U_g}=XU_{g1}+(1-X)U_{g2}\quad(7\text{-}3)$$

大学选择协同演化策略的复制动态方程为：

$$\begin{aligned}\frac{\mathrm{d}X}{\mathrm{d}t}&=X(U_{g1}-\overline{U_g})=X(1-X)(U_{g1}-U_{g2})\\&=X(1-X)[Y(\alpha V_S R-V_C R+\varepsilon\delta_2 K_2+\Delta C_1-\gamma R)+S_1-S_2]\end{aligned}\quad(7\text{-}4)$$

企业选择协同演化策略的期望收益为：

$$U_{c1}=X[(1-\alpha)V_SR-C_2+S_3+\varepsilon\delta_1K_1]+(1-X)(V_ER-C_2-\Delta C_2+S_3)$$
$$=X[(1-\alpha)V_SR-V_ER+\varepsilon\delta_1K_1+\Delta C_2]+(V_ER-C_2-\Delta C_2+S_3) \tag{7-5}$$

企业选择独立演化策略的期望收益为：

$$U_{c2}=X(V_ER-C_2-\Delta C_2+S_4+\gamma R)+(1-X)(V_ER-C_2-\Delta C_2+S_4)$$
$$=X\gamma R+V_ER-C_2-\Delta C_2+S_4 \tag{7-6}$$

企业的平均收益为：

$$\overline{U_C}=YU_{c1}+(1-Y)U_{c2} \tag{7-7}$$

企业选择协同演化策略的复制动态方程为：

$$\frac{dY}{dt}=Y(U_{c1}-\overline{U_C})=Y(1-Y)(U_{c1}-U_{c2})$$
$$=Y(1-Y)\{X[(1-\alpha)V_SR-V_ER+\varepsilon\delta_1K_1+\Delta C_2-\gamma R]+S_3-S_4\} \tag{7-8}$$

综上可得系统的复制动态方程为：

$$\begin{cases}\dfrac{dX}{dt}=X(1-X)[Y(\alpha V_SR-V_CR+\varepsilon\delta_2K_2+\Delta C_1-\gamma R)+S_1-S_2]\\ \dfrac{dY}{dt}=Y(1-Y)\{X[(1-\alpha)V_SR-V_ER+\varepsilon\delta_1K_1+\Delta C_2-\gamma R]+S_3-S_4\}\end{cases} \tag{7-9}$$

7.3 博弈模型分析

7.3.1 大学选择策略的演化稳定性分析

当存在一点使复制动态方程等于 0，且复制动态方程的一阶导数在该点小于 0 时，则表明该策略为稳定策略。令复制动态方程等于 1，可知 0 和 1 是大学创新创业教育系统的两个稳定点。

令 $\frac{dX}{dt}=F(X)$，对方程求导可得：

$$\frac{\mathrm{d}F(X)}{\mathrm{d}X}=(1-2X)[Y(\alpha V_S R-V_C R+\varepsilon\delta_2 K_2+\Delta C_1-\gamma R)+S_1-S_2] \tag{7-10}$$

方程中参数取值会影响复制动态方程的稳定性，对参数的取值分类讨论：

令 $Y_0=\dfrac{S_2-S_1}{\alpha V_S R-V_C R+\varepsilon\delta_2 K_2+\Delta C_1-\gamma R}$，则

$\dfrac{\mathrm{d}F(X)}{\mathrm{d}X}=(1-2X)(Y-Y_0)$，

(1) 当 $Y=Y_0$ 时，$F(X)=0$ 对任意 X 取值恒成立，即，在 $X\in[0,1]$ 所有取值点均处于稳定状态，演化过程见图 7-1。

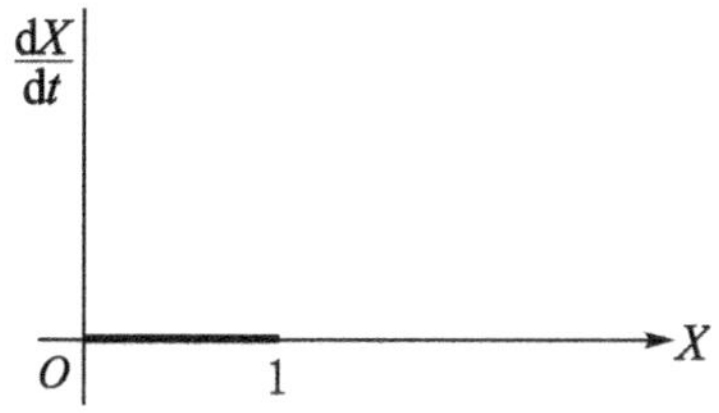

图 7-1　大学在 $Y=Y_0$ 时的演化趋势

(2) 当 $Y\neq Y_0$ 时，根据参数不同取值分情况讨论。

① 当 $Y>Y_0$ 时，$X=1$ 是大学的稳定策略，即，随着时间的推移和系统的演化，大学选择协同演化策略，演化过程见图 7-2(a)。

证明：当 $Y>Y_0$，

此时，

$\left.\dfrac{\mathrm{d}F(X)}{\mathrm{d}X}\right|_{X=0}>0$，表明 $X=0$ 不是大学的稳定策略。

$\left.\dfrac{\mathrm{d}F(X)}{\mathrm{d}X}\right|_{X=1}<0$，表明 $X=1$ 是大学的稳定策略，即，大学选择协同演化策略。

② 当 $Y<Y_0$ 时，$X=0$ 是大学的演化稳定策略，即，随着时间的推移和系统的演化，大学会选择独立演化策略，演化过程见图 7-2(b)。

证明：当 $Y<Y_0$，

此时，

$\left.\frac{\mathrm{d}F(X)}{\mathrm{d}X}\right|_{X=0}<0$，表明 $X=0$ 是稳定策略，即，大学选择独立演化策略。

$\left.\frac{\mathrm{d}F(X)}{\mathrm{d}X}\right|_{X=1}>0$，表明 $X=1$ 不是稳定策略。

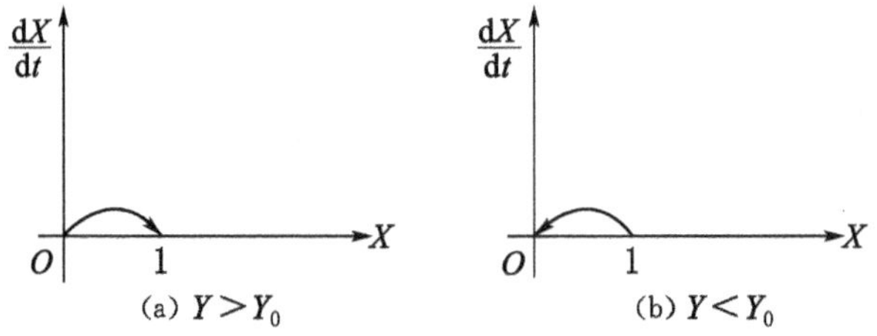

图 7-2　大学在 $Y>Y_0$ 和 $Y<Y_0$ 时的演进趋势

7.3.2　科技型中小企业选择策略的演化稳定性分析

当存在一点使复制动态方程等于 0，且复制动态方程的一阶导数在该点小于 0 时，则表明该策略为稳定策略。令复制动态方程等于 1，可知 0 和 1 是科技型中小企业的两个稳定点。

令$\frac{\mathrm{d}Y}{\mathrm{d}t}=F(Y)$，对方程求导可得：

$$\frac{\mathrm{d}F(X)}{\mathrm{d}Y}=(1-2Y)\{X[(1-\alpha)V_SR-V_ER+\varepsilon\delta_1K_1+\Delta C_2-\gamma R]+S_3-S_4\} \tag{7-11}$$

同理，分析参数不同取值对科技型中小企业复制动态方程稳定性的影响。

令 $X_0=\frac{S_4-S_3}{(1-\alpha)V_SR-V_ER+\varepsilon\delta_1K_1+\Delta C_2-\gamma R}$，则：

$\frac{\mathrm{d}F(Y)}{\mathrm{d}Y}=(1-2Y)(X-X_0)$。

(1) 当 $X=X_0$ 时，$F(Y)=0$ 对任意 Y 取值恒成立，在所有取值点均处于稳定状态，演化过程见图 7-3。

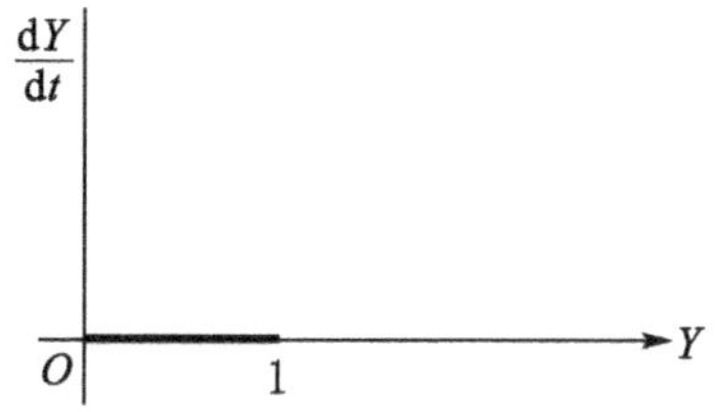

图 7-3 科技型中小企业在 $X=X_0$ 时的演化趋势

(2) 当 $X\neq X_0$ 时，根据参数不同取值分情况讨论。

① 当 $X>X_0$ 时，$Y=1$ 是科技型中小企业的稳定策略，即，随着时间的推移和系统的演化，科技型中小企业会选择协同演化策略，演化过程见图 7-4(a)。

证明：当 $X>X_0$，

此时，

$\left.\frac{dF(Y)}{dY}\right|_{Y=0}>0$，表明 $Y=0$ 不是科技型中小企业的稳定策略。

$\left.\frac{dF(Y)}{dY}\right|_{Y=1}<0$，表明 $Y=1$ 是科技型中小企业的稳定策略，即，企业选择协同演化策略。

② 当 $X<X_0$ 时，$Y=0$ 是科技型中小企业的演化稳定策略，即，随着时间的推移和系统的演化，科技型中小企业选择独立演化策略，演化过程见图 7-4(b)。

证明：当 $X<X_0$，

此时，

$\left.\frac{dF(Y)}{dY}\right|_{Y=0}<0$，表明 $Y=0$ 是稳定策略，即，企业选择独立演化策略。

$\left.\frac{dF(Y)}{dY}\right|_{Y=0}>0$，表明 $Y=1$ 不是稳定策略。

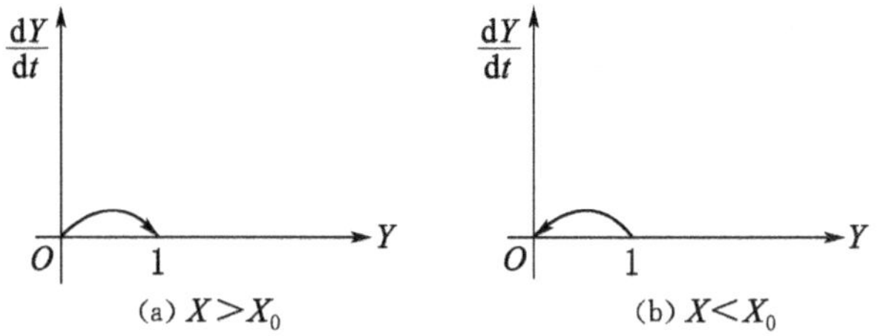

图 7-4　企业在 $X>X_0$ 和 $X<X_0$ 时的演进趋势

7.3.3　混合策略的演化稳定性分析

令大学和企业的复制动态方程组(7-9)等于 0,可以得到两者博弈系统在平面 $i=\{(X,Y)0\leqslant X\leqslant 1,0\leqslant Y\leqslant 1\}$ 内存在 5 个复制动态均衡点,分别为(0,0),(0,1),(1,0),(1,1),(X_0,Y_0)。其中,

$$X_0=\frac{S_4-S_3}{(1-\alpha)V_SR-V_ER+\varepsilon\delta_1K_1+\Delta C_2-\gamma R},$$

$$Y_0=\frac{S_2-S_1}{\alpha V_SR-V_CR+\varepsilon\delta_2K_2+\Delta C_1-\gamma R}。$$

当且仅当 $0\leqslant\frac{S_4-S_3}{(1-\alpha)V_SR-V_ER+\varepsilon\delta_1K_1+\Delta C_2-\gamma R}\leqslant 1$, $0\leqslant\frac{S_2-S_1}{\alpha V_SR-V_CR+\varepsilon\delta_2K_2+\Delta C_1-\gamma R}\leqslant 1$ 时,(X_0,Y_0)可能为系统的稳定均衡点。

根据弗里德曼检验(Friedman 检验),均衡点的稳定性可通过分析 Jacobian 矩阵的局部稳定性得到。复制动态方程组分别对 X,Y 求导得到 Jacobian 矩阵:

$$\boldsymbol{J}=\begin{bmatrix}(1-2X)\left[\begin{matrix}Y(\alpha V_SR-V_CR+\varepsilon\delta_2K_2+\\ \Delta C_1-\gamma R)+S_1-S_2\end{matrix}\right] & X(1-X)\begin{pmatrix}\alpha V_SR-V_CR+\varepsilon\delta_2K_2+\\ \Delta C_1-\gamma R\end{pmatrix}\\ Y(1-Y)\left[\begin{matrix}(1-\alpha)V_SR-V_ER+\\ \varepsilon\delta_1K_1+\Delta C_2-\gamma R\end{matrix}\right] & (1-2Y)\left\{\begin{matrix}X\left[\begin{matrix}(1-\alpha)V_SR-V_ER+\\ \varepsilon\delta_1K_1+\Delta C_2-\gamma R\end{matrix}\right]\\ +S_3-S_4\end{matrix}\right\}\end{bmatrix}$$

可得 Jacobian 矩阵的行列式为：

$$\det \boldsymbol{J}=(1-2X)[Y(\alpha V_S R-V_C R+\varepsilon\delta_2 K_2+\Delta C_1-\gamma R)+S_1-S_2]$$
$$(1-2Y)\{X[(1-\alpha)V_S R-V_E R+\varepsilon\delta_1 K_1+\Delta C_2-\gamma R]+S_3-S_4\}-$$
$$Y(1-Y)[(1-\alpha)V_S R-\varepsilon\delta_1 K_1+\Delta C_2-\gamma R]$$
$$X(1-X)(\alpha V_S R-V_C R+\varepsilon\delta_2 K_2+\Delta C_1-\gamma R\} \tag{7-12}$$

可得 Jacobian 矩阵的迹为：

$$\mathrm{tr}\boldsymbol{J}=(1-2X)[Y(\alpha V_S R-V_C R+\varepsilon\delta_2 K_2+\Delta C_1-\gamma R)+S_1-S_2]+$$
$$(1-2Y)\{X[(1-\alpha)V_S R-V_E R+\varepsilon\delta_1 K_1+\Delta C_2-\gamma R]+S_3-S_4\} \tag{7-13}$$

Friedman 方法认为当均衡点的 Jacobian 矩阵行列式满足 $\det\boldsymbol{J}>0$ 且 $\mathrm{tr}\boldsymbol{J}<0$ 时，该点是系统演化过程中的渐进稳定不动点，也即系统的演化稳定策略(ESS)；

当均衡点满足 $\det\boldsymbol{J}>0$ 且 $\mathrm{tr}\boldsymbol{J}>0$ 时，该点是系统演化过程中的不稳定点；

当均衡点满足 $\det\boldsymbol{J}<0$ 且 $\mathrm{tr}\boldsymbol{J}<0$ 时($\mathrm{tr}\boldsymbol{J}>0$ 或 $\mathrm{tr}\boldsymbol{J}=0$)或 $\det\boldsymbol{J}>0$ 且 $\mathrm{tr}\boldsymbol{J}<0$($\mathrm{tr}\boldsymbol{J}>0$ 或 $\mathrm{tr}\boldsymbol{J}=0$)时，该点是系统演化过程中的鞍点。

分别将 5 个可能的均衡点带入矩阵行列式和迹，分析各点的稳定性。均衡点对应的矩阵行列式和迹的表达式，见表 7-3。

表 7-3　均衡点对应的矩阵行列式和迹的表达式

均衡点	$\det\boldsymbol{J}$	$\mathrm{tr}\boldsymbol{J}$
(0,0)	$(S_1-S_2)(S_3-S_4)$	$(S_1-S_2)+(S_3-S_4)$
(0,1)	$-\begin{pmatrix}\alpha V_S R-V_C R+\varepsilon\delta_2 K_2\\+\Delta C_1-\gamma R+S_1-S_2\end{pmatrix}(S_3-S_4)$	$\begin{pmatrix}\alpha V_S R-V_C R+\varepsilon\delta_2 K_2+\\\Delta C_2-\gamma R+S_1-S_2\end{pmatrix}-(S_3-S_4)$
(1,0)	$-\begin{bmatrix}(1-\alpha)V_S R-V_E R+\\\varepsilon\delta_1 K_1+\Delta C_2-\gamma R+\\S_3-S_4\end{bmatrix}(S_1-S_2)$	$\begin{bmatrix}(1-\alpha)V_S R-V_E R+\\\varepsilon\delta_1 K_1+\Delta C_2-\gamma R\\+S_3-S_4\end{bmatrix}-(S_1-S_2)$

表 7-3（续）

均衡点	det**J**	tr**J**
(1,1)	$\begin{pmatrix}\alpha V_S R - V_C R + \varepsilon\delta_2 K_2 \\ +\Delta C_1 - \gamma R + S_1 - S_2\end{pmatrix}$ $\begin{bmatrix}(1-\alpha)V_S R - V_E R + \varepsilon\delta_1 K_1 \\ +\Delta C_2 - \gamma R + S_3 - S_4\end{bmatrix}$	$-\begin{pmatrix}\alpha V_S R - V_C R + \varepsilon\delta_2 K_2 + \\ \Delta C_2 - \gamma R + S_1 - S_2\end{pmatrix}$ $-\begin{bmatrix}(1-\alpha)V_S R - V_E R + \varepsilon\delta_1 K_1 \\ +\Delta C_2 - \gamma R + S_3 - S_4\end{bmatrix}$
(X_0, Y_0)	$-\begin{bmatrix}(S_4 - S_3)(1-X_0) \\ (S_2 - S_1)(1-Y_0)\end{bmatrix}$	0

参数不同取值会影响系统的稳定策略，分情况进行讨论，具体分析如下。

情形一：$(\alpha V_S R - V_C R + \varepsilon\delta_2 K_2 + \Delta C_1 - \gamma R + S_1 - S_2) > S_3 - S_4$，且$[(1-\alpha)V_S R - V_E R + \varepsilon\delta_1 K_1 + \Delta C_2 - \gamma R + S_3 - S_R] > S_1 - S_2$ 时，(0,0)为不稳定点，(0,1)和(1,0)为鞍点，(1,1)为稳定点。

情形二：$(\alpha V_S R - V_C R + \varepsilon\delta_2 K_2 + \Delta C_1 - \gamma R + S_1 - S_2) > S_3 - S_4$，且$[(1-\alpha)V_S R - V_E R + \varepsilon\delta_1 K_1 + \Delta C_2 - \gamma R + S_3 - S_4] < 0$ 时，(0,0)为不稳定点，(0,1)和(1,1)为鞍点，(1,0)为稳定点。

情形三：$(\alpha V_S R - V_C R + \varepsilon\delta_2 K_2 + \Delta C_1 - \gamma R + S_1 - S_2) > S_3 - S_4$，且$0 < [(1-\alpha)V_S R - V_E R + \varepsilon\delta_1 K_1 + \Delta C_2 - \gamma R + S_3 - S_4] < S_1 - S_2$ 时，(0,0)为不稳定点，(0,1)和(1,0)为鞍点，(1,1)为稳定点。

情形四：$(\alpha V_S R - V_C R + \varepsilon\delta_2 K_2 + \Delta C_1 - \gamma R + S_1 - S_2) < 0$，且$[(1-\alpha)V_S R - V_E R + \varepsilon\delta_1 K_1 + \Delta C_2 - \gamma R + S_3 - S_4] > S_1 - S_2$ 时，(0,1)为稳定点，(0,0)为不稳定点，(1,0)和(1,1)为鞍点。

情形五：$(\alpha V_S R - V_C R + \varepsilon\delta_2 K_2 + \Delta C_1 - \gamma R + S_1 - S_2) < 0$，且$[(1-\alpha)V_S R - V_E R + \varepsilon\delta_1 K_1 + \Delta C_2 - \gamma R + S_3 - S_4] < 0$ 时，(0,0)为不稳定点，(1,1)和(X_0, Y_0)为鞍点，(0,1)和(1,0)为稳定点。

情形六：$(\alpha V_S R - V_C R + \varepsilon\delta_2 K_2 + \Delta C_1 - \gamma R + S_1 - S_2) < 0$，且$0 < [(1-\alpha)V_S R - V_E R + \varepsilon\delta_1 K_1 + \Delta C_2 - \gamma R + S_3 - S_4] < S_1 - S_2$ 时，(0,0)为不稳定点，(1,0)和(1,1)为鞍点，(0,1)为稳定点。

情形七：$0<(\alpha V_S R-V_C R+\varepsilon\delta_2 K_2+\Delta C_1-\gamma R+S_1-S_2)<S_3-S_4$，且$[(1-\alpha)V_S R-V_E R+\varepsilon\delta_1 K_1+\Delta C_2-\gamma R+S_3-S_4]>S_1-S_2$ 时，(0,0)为不稳定点，(0,1)和(1,0)为鞍点，(1,1)为稳定点。

情形八：$0<(\alpha V_S R-V_C R+\varepsilon\delta_2 K_2+\Delta C_1-\gamma R+S_1-S_2)<S_3-S_4$，且$[(1-\alpha)V_S R-V_E R+\varepsilon\delta_1 K_1+\Delta C_2-\gamma R+S_3-S_4]>0$ 时，(0,0)为不稳定点，(0,1)和(1,1)为鞍点，(1,0)为稳定点。

情形九：$0<(\alpha V_S R-V_C R+\varepsilon\delta_2 K_2+\Delta C_1-\gamma R+S_1-S_2)<S_3-S_4$，且$0<[(1-\alpha)V_S R-V_E R+\varepsilon\delta_1 K_1+\Delta C_2-\gamma R+S_3-S_4]>S_1-S_2$ 时，(0,0)为不稳定点，(0,1)和(1,0)为鞍点，(1,1)为稳定点。

各均衡点行列式和迹的表达式及系统稳定性分析，见表 7-4。

表 7-4　各均衡点行列式和迹的表达式及系统稳定性分析

均衡点	情形一			情形二			情形三		
	Det**J**	Tr**J**	稳定性	Det**J**	Tr**J**	稳定性	Det**J**	Tr**J**	稳定性
(0,0)	+	+	不稳定	+	+	不稳定	+	+	不稳定
(0,1)	−	+	鞍点	−	+	鞍点	−	+	鞍点
(1,0)	−	+	鞍点	+	−	ESS	−	−	鞍点
(1,1)	+	−	ESS	−	+/−	鞍点	+	−	ESS

均衡点	情形四			情形五			情形六		
	Det**J**	Tr**J**	稳定性	Det**J**	Tr**J**	稳定性	Det**J**	Tr**J**	稳定性
(0,0)	+	+	不稳定	+	+	不稳定	+	+	不稳定
(0,1)	+	−	ESS	+	−	ESS	+	−	ESS
(1,0)	−	+	鞍点	+	−	ESS	−	−	鞍点
(1,1)	−	+/−	鞍点	+	+	鞍点	−	+/−	鞍点
(X_0,Y_0)				−	0	鞍点			

表 7-4（续）

均衡点	情形七			情形八			情形九		
	Det$\boldsymbol{J}$	Tr$\boldsymbol{J}$	稳定性	Det$\boldsymbol{J}$	Tr$\boldsymbol{J}$	稳定性	Det$\boldsymbol{J}$	Tr$\boldsymbol{J}$	稳定性
(0,0)	＋	＋	不稳定	＋	＋	不稳定	＋	＋	不稳定
(0,1)	－	－	鞍点	－	－	鞍点	－	－	鞍点
(1,0)	－	＋	鞍点	＋	－	ESS	－	－	鞍点
(1,1)	＋	－	ESS	－	＋/－	鞍点	＋	－	ESS

7.4 数值仿真

7.4.1 不同情形下系统演化路径

在情形一：$(\alpha V_S R - V_C R + \varepsilon\delta_2 K_2 + \Delta C_1 - \gamma R + S_1 - S_2) > S_3 - S_4$，且$[(1-\alpha)V_S R - V_E R + \varepsilon\delta_1 K_1 + \Delta C_2 - \gamma R + S_3 - S_4] > S_1 - S_2$；情形三：$(\alpha V_S R - V_C R + \varepsilon\delta_2 K_2 + \Delta C_1 - \gamma R + S_1 - S_2) > S_3 - S_4$，且 $0 < [(1-\alpha)V_S R - V_E R + \varepsilon\delta_1 K_1 + \Delta C_2 - \gamma R + S_3 - S_4] > S_1 - S_2$；情形七：$0 < (\alpha V_S R - V_C R + \varepsilon\delta_2 K_2 + \Delta C_1 - \gamma R + S_1 - S_2) < S_3 - S_4$，且$[(1-\alpha)V_S R - V_E R + \varepsilon\delta_1 K_1 + \Delta C_2 - \gamma R + S_3 - S_4] > S_1 - S_2$；情形九：$0 < (\alpha V_S R - V_C R + \varepsilon\delta_2 K_2 + \Delta C_1 - \gamma R + S_1 - S_2) < S_3 - S_4$，且 $0 < [(1-\alpha)V_S R - V_E R + \varepsilon\delta_1 K_1 + \Delta C_2 - \gamma R + S_3 - S_4] > S_1 - S_2$ 下，大学和科技型中小企业系统的演化路径见图 7-5。由图 7-5 可知，大学和科技型中小企业的演化稳定策略为(1,1)，即二者的选择策略为{协同演化，协同演化}。

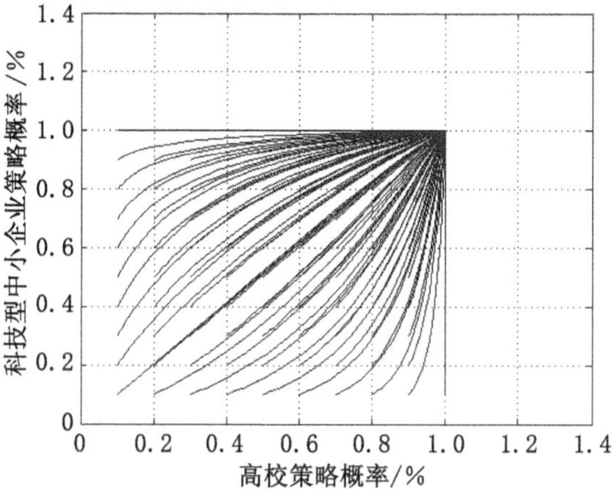

图 7-5 情形一、情形三、情形七和情形九下的大学和科技型企业行为演化路径

在情形二：$(\alpha V_S R - V_C R + \varepsilon\delta_2 K_2 + \Delta C_1 - \gamma R + S_1 - S_2) > S_3 - S_4$，且$[(1-\alpha)V_S R - V_E R + \varepsilon\delta_1 K_1 + \Delta C_2 - \gamma R + S_3 - S_4] < 0$；情形八：$0 < (\alpha V_S R - V_C R + \varepsilon\delta_2 K_2 + \Delta C_1 - \gamma R + S_1 - S_2) < S_3 - S_4$，且$[(1-\alpha)V_S R - V_E R + \varepsilon\delta_1 K_1 + \Delta C_2 - \gamma R + S_3 - S_4] < 0$ 下，系统的演化路径见图 7-6。

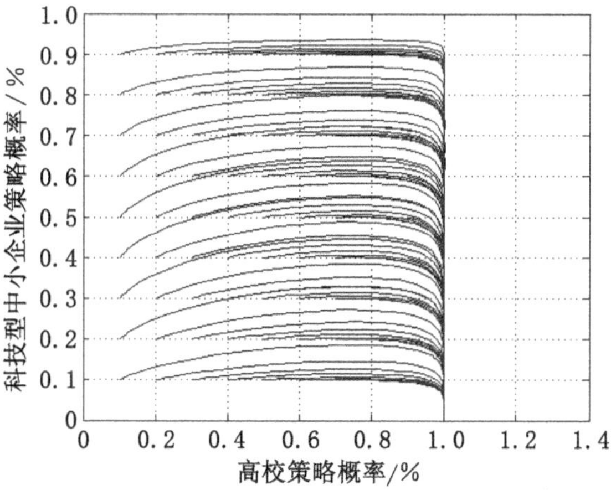

图 7-6 情形二和情形八下的大学和科技型企业行为演化路径

由图 7-6 可知，大学和科技型中小企业的演化稳定策略为(1,0)，即二者的选择策略为{协同演化，独立演化}。

在情形四：$(\alpha V_S R - V_C R + \varepsilon\delta_2 K_2 + \Delta C_1 - \gamma R + S_1 - S_2) < 0$，且$[(1-\alpha)V_S R - V_E R + \varepsilon\delta_1 K_1 + \Delta C_2 - \gamma R + S_3 - S_4] > S_1 - S_2$；情形六：$(\alpha V_S R - V_C R + \varepsilon\delta_2 K_2 + \Delta C_1 - \gamma R + S_1 - S_2) < 0$，且 $0 < [(1-\alpha)V_S R - V_E R + \varepsilon\delta_1 K_1 + \Delta C_2 - \gamma R + S_3 - S_4] < S_1 - S_2$ 下，系统的演化路径，见图 7-7。由图 7-7 可知，大学和科技型中小企业的演化稳定策略为(0,1)，即二者的选择策略为{独立演化，协同演化}。

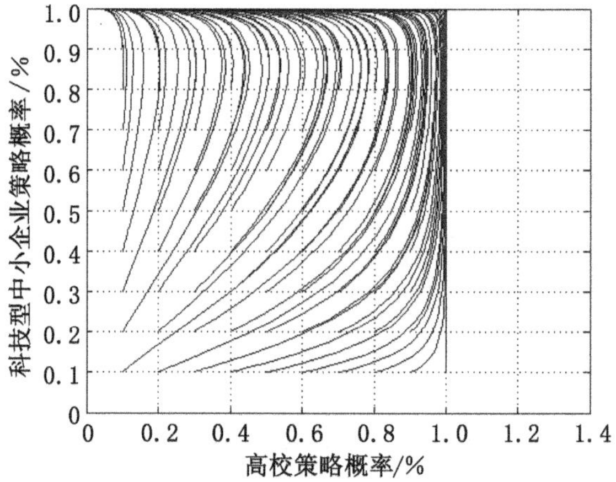

图 7-7　情形四和情形六下的
大学和科技型企业行为演化路径

在情形五：$(\alpha V_S R - V_C R + \varepsilon\delta_2 K_2 + \Delta C_1 - \gamma R + S_1 - S_2) < 0$，且$[(1-\alpha)V_S R - V_E R + \varepsilon\delta_1 K_1 + \Delta C_2 - \gamma R + S_3 - S_4] < 0$ 下，系统的演化路径见图 7-8。由图 7-8 可知，大学和科技型中小企业的演化稳定策略为(0,1)或(1,0)，即二者的选择策略为{独立演化，协同演化}或{协同演化，独立演化}。

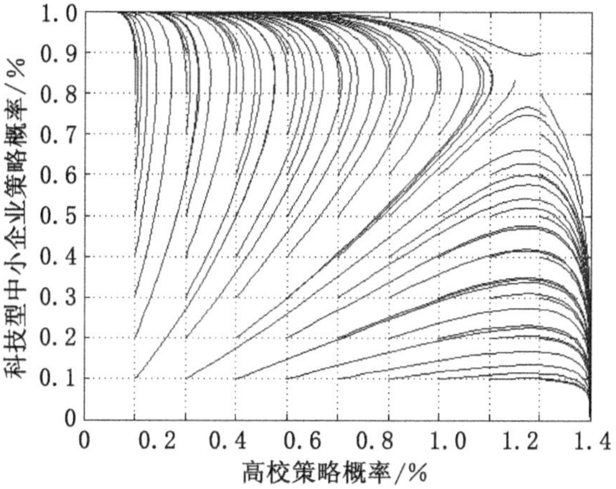

图 7-8　情形五下的
大学和科技型企业行为演化路径

7.4.2 参数取值对演化路径的影响

大学创新创业教育和科技型中小企业创新发展二者的理想策略选择为{协同演化，协同演化}，因此选取情形一为例，探究不同参数取值对演化系统路径、方向和速度的影响。大学创新创业教育和科技型中小企业创新发展两者的策略选择取(0.3，0.6)，取 $S_1=15$，$S_2=6$，$S_3=25$，$S_4=15$，$R=80$，$V_S=0.8$，$C_1=12$，$C_2=20$，$\alpha=0.4$，$\Delta C_1=15$，$\Delta C_2=20$，$V_C=0.2$，$V_3=0.3$，$K_1=40$，$K_2=80$，$\delta_1=0.3$，$\delta_2=0.2$，$\varepsilon=0.3$，$\gamma=0.2$。

7.4.2.1　独立演化策略新增成本变化对系统的影响

为探究大学和科技型中小企业独立演化多投入成本变化对演化系统的影响，本书分析当独立演化新增成本变化时，系统演化到{协同演化，协同演化}的速度和路径会发生何种变化。独立演化时新增成本变化对系统演化路径的影响，见图 7-9。

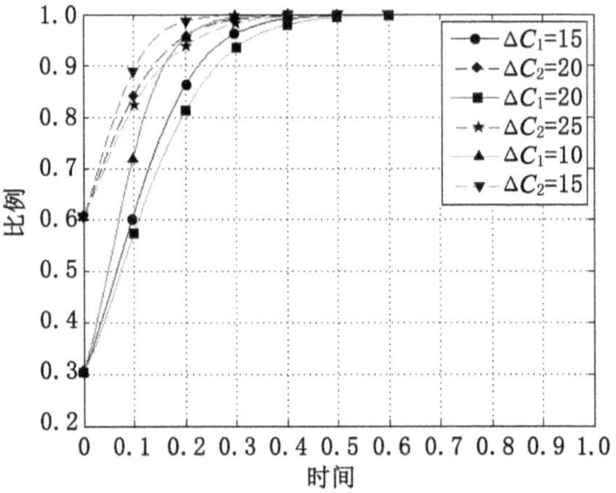

图 7-9　独立演化时新增成本变化对系统演化路径的影响

从图 7-9 可知，随着大学和科技型中小企业独立演化新增成本的增加，系统演化到稳定状态的速度越快。当大学和科技型中小企业两者独立演化投入成本增加时，在协同成功收益确定的前提下，出于理性考虑，大学和科技型中小企业均选择协同演化，快速演化到稳定状态。人才、资本、技术信息是影响大学和科技型创新企业投入成本的重要因素，当人才和资本投入增加、技术信息条件不理想的前提下，为减轻投入成本、创新风险和提高演化成功的概率，大学和科技型中小企业选择协同演化的意愿增加，系统快速进化到{协同演化，协同演化}策略。

7.4.2.2　协同演化和独立演化边际收益 V_S，V_C，V_E 对系统的影响

为探究协同演化和独立演化边际收益 V_S，V_C，V_E 对系统的影响，分别增加和减少 V_S，V_C，V_E 的取值。分别取 $V_S=0.8$，$V_S=0.9$，$V_S=0.6$，$V_C=0.2$，$V_C=0.4$，$V_C=0.1$，$V_E=0.3$，$V_E=0.5$，$V_3=0.1$，分析协同演化边际收益和独立演化边际收益变化时，系统演化到{协同演化，协同演化}的速度和路径会发生何种变化。协同演化边际收益变化对系统演化路径的影响，见图 7-10。图 7-11 为大学独立演化边际收益对系统的影响，图 7-12 为科技型中小企业独立演化边际收益对系统的影响。

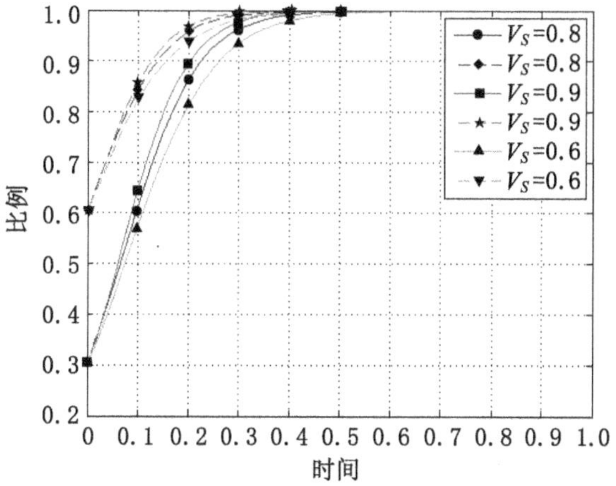

图 7-10　协同演化边际收益变化对系统演化路径的影响

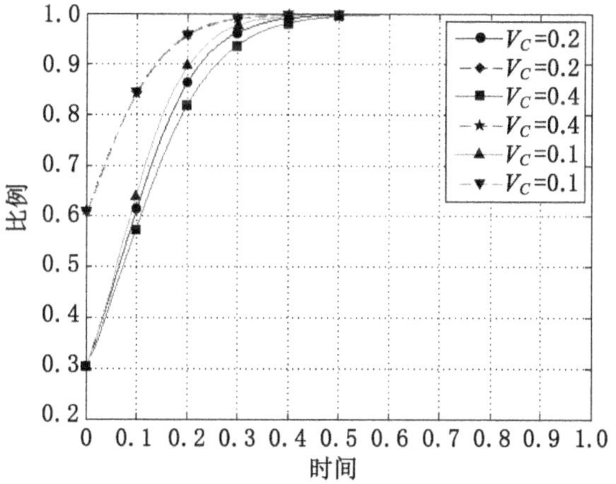

图 7-11　大学独立演化边际收益变化对系统演化路径的影响

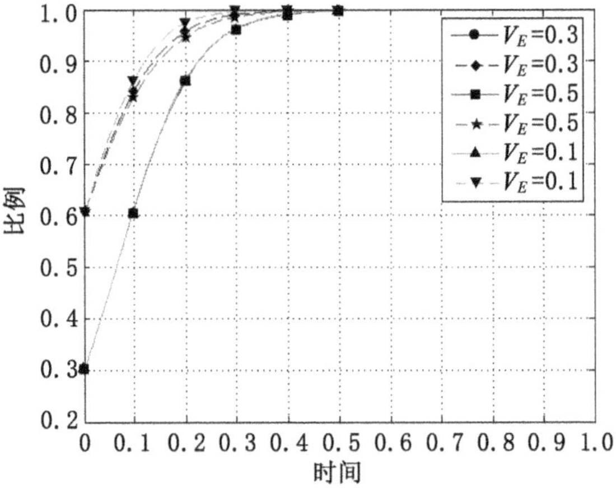

图 7-12　科技型中小企业独立演化边际收益变化对系统演化路径的影响

从图 7-10 可以看出，随着协同演化边际收益的增加，大学和科技型中小企业选择协同演化策略的比例增加，系统快速进化到稳定状态。当协同演化边际收益较高时，大学和科技型中小企业协同演化面临的风险较小，预期收益增加，则选择协同演化的群体增加，系统也就越快进化到{协同演化，协同演化}稳定策略。

从图 7-11 可以看出，随着大学独立演化边际收益的增加，大学选择独立演化的群体扩大，系统缓慢进化到稳定状态。当大学独立演化边际收益增加时，短期内选择独立演化的大学的比例增加。但是，综合考虑，即使大学独立演化边际收益增大，但仍小于与科技型中小企业协同演化的边际收益，所以大学仍会进化到协同演化策略，系统最终进化到{协同演化，协同演化}稳定策略。

从图 7-12 可以看出，随着科技型中小企业独立演化边际收益的增加，科技型中小企业选择独立演化的群体扩大，系统缓慢演化到稳定状态。当科技型中小企业独立演化边际收益增加时，短期内选择独立演化的科技型中小企业的比例增加。虽然科技型中小企业独立演化边际收益增加，但是仍小于与大学协同演化边际收益。因此，长期来看，科技型中小企业仍会选择协同演化，系统最终进化到{协同演化，协同演化}稳定策略。

技术信息条件是影响大学和科技型中小企业两者策略选择的重要条件，整合两者技术条件可以提高协同演化成功的可能性。但是，协同演化成功，两者分配的利益小于两者独立演化成功得到的收益。因此，随着两者技术的提升，其独立演化成功的概率增加，两者趋向选择独立演化策略。

7.4.2.3　知识共享 $\varepsilon\delta_1K_2$，$\varepsilon\delta_2K_2$ 对系统的影响

为探究协同演化进程中，知识共享创造的收益对大学和科技型中小企业演化路径的影响，分别增加 $\varepsilon\delta_1K_1$，$\varepsilon\delta_2K_2$ 的取值。分别取 $\varepsilon\delta_1K_1=10$，$\varepsilon\delta_2K_2=5$，$\varepsilon\delta_1K_1=5$，$\varepsilon\delta_2K_2=2$，分析知识共享变化时，系统演化到稳定策略的路径和速度的变化。知识共享变化对系统演化路径的影响，见图 7-13。

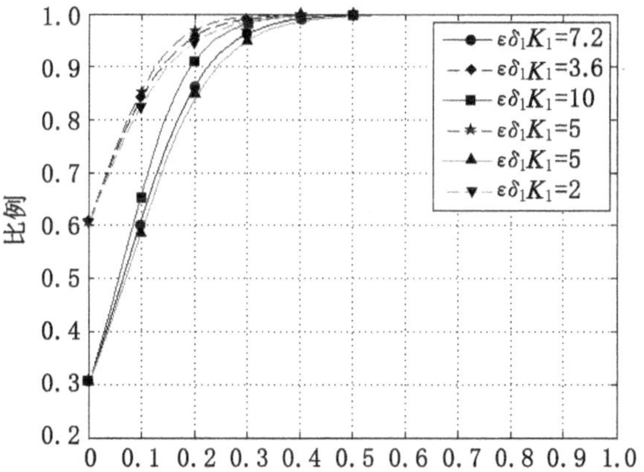

图 7-13　知识共享变化对系统演化路径的影响

从图 7-13 可以看出，随着知识共享创造的资本不断增加，大学和科技型中小企业更快演化到稳定策略。大学和科技型中小企业协同演化可

以整合资源优势，获取创新成果转化为实际产品带来的经济利益外，还可以共享知识。协同成功的基础条件是创新知识和技术，两者选择协同演化策略可以更好地吸收对方的理论和实践知识。科技型中小企业通过学习大学创新创业知识，可以提高研发技术，将资源转化为实际产品，大学通过与企业协同，可以学习其实践知识和了解市场实际需求，更好地调整创新创业教育，使教育更贴合实际。

7.4.2.4　额外收益系数 γ 对系统的影响

额外收益系数是指一方选择协同演化，另一方选择独立演化的条件下，协同演化成功后另一方采取模仿、借鉴等手段生产类似创新产品或知识从而获取收益的系数。为探究额外收益系数对演化博弈系统的影响，改变 γ 取值，分别取 $\gamma=0.5$，$\gamma=0.1$。额外收益系数变化对系统演化路径的影响，见图 7-14。

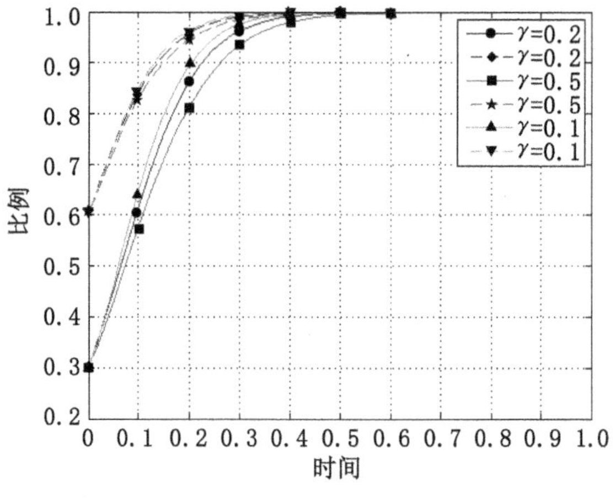

图 7-14　额外收益系数变化对系统演化路径的影响

从图 7-14 可以看出，随着额外收益系数的增加，大学和科技型中小企业演化到稳定策略的速度减缓。额外收益系数增加，表明大学或科技型中小企业通过模仿创新产品或知识获取的收益增加，且其并不需要投入大量演化发展成本，成本仅为生产产品的原料与劳动力成本，净收益大幅度增加。市场引导着创新的方向，且对创新方向起主导作用。但是，在市场条件下，创新技术模仿现象屡见不鲜。通过对创新技术和创新产品的模仿，市场主体可以获取超额利益。在经济收益的刺激下，理性主体会选择等待创新成功而后模仿。

7.4.2.5　政府补贴 S_1，S_2，S_3，S_4 对系统的影响

首先，为探究政府对选择协同演化的大学和科技型中小企业的补贴变化会产生何种影响，分别增加和减少政府对大学和科技型中小企业的补贴数值，取 $S_1=20$，$S_1=10$，$S_3=30$，$S_3=20$。政府对选择协同演化的大学、科技型中小企业的补贴变化对系统演化路径的影响，见图 7-15。

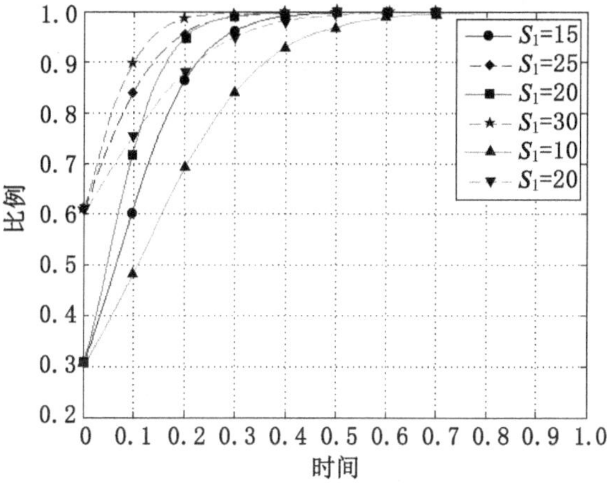

图 7-15　政府对选择协同演化的大学、
科技型中小企业的补贴变化对系统演化路径的影响

从图 7-15 可以看出，当政府增加对选择协同演化策略的大学和科技型中小企业补贴时，系统快速演化到稳定状态；当政府减小对选择协同演化策略的大学和科技型中小企业补贴时，系统演化到稳定状态的时间增加，演化速度减缓。政府增加协同演化补贴，减轻大学和科技型中小企业的创新成本，创新风险减小，大学和企业选择协同演化的意愿增加。

其次，为探究政府对选择独立演化的大学和科技型中小企业的补贴变化会产生何种影响，分别增加和较少政府对大学和科技型中小企业的

补贴数值，取 $S_2=11$，$S_2=1$，$S_4=20$，$S_4=10$。政府对选择独立演化的大学、科技型中小企业的补贴变化对系统演化路径的影响，见图 7-16。

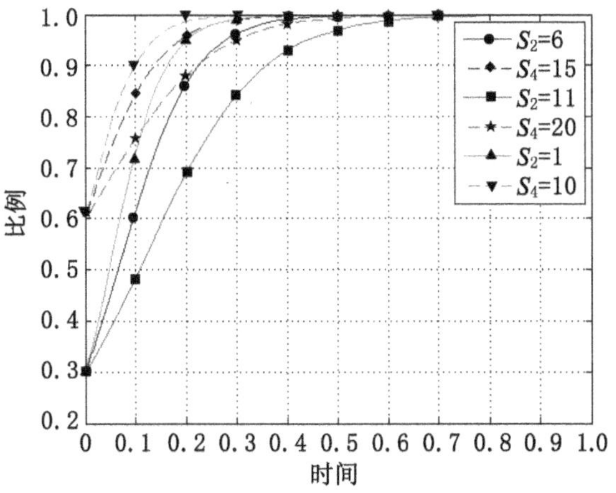

图 7-16　政府对选择独立演化的大学、
科技型中小企业的补贴变化对系统演化路径的影响

从图 7-16 可以看出，当政府增加对选择独立演化策略的大学和科技型中小企业补贴时，系统缓慢演化到稳定状态；当政府减小对选择独立演化策略的大学和科技型创新企业的补贴时，系统演化到稳定状态的时间减少，演化速度加快。政府增加独立演化补贴，减轻了大学和科技型中小企业独立演化的成本，创新风险减小，大学和企业选择独立演化的意愿增加。

政策是影响大学和科技型中小企业策略选择的重要条件，外部环境规范能够保障两者协同演化稳定进行，大学和科技型中小企业选择协同演化的可能性增加。政府增加对选择协同演化策略的大学和科技型中小企业的补贴，可以减轻协同演化成本，提高协同演化积极性。政府增加对选择独立演化策略的大学和科技型中小企业补贴，可以减轻两者独立演化成本，促使两者选择独立演化策略。

7.5 本章小结

（1）对模型假设及主要变量进行了分析，假设大学创新创业教育选择策略为{协同演化，独立演化}，科技型中小企业创新发展策略为{协同演化，独立演化}。大学创新创业教育和科技型中小企业创新发展主要与人才、资本、技术信息、知识、政策等5个因素存在相关关系。本章对这5个因素变量设计了参数，探究了各因素之间的影响关系和动态演化机理并在此基础之上构建了博弈模型。

（2）对人才、资本、技术信息、知识、政策等5个因素对大学创新创业教育和科技型中小企业创新发展之间各演化策略中的作用机制和演化路径进行了动态分析，并进行了数值模拟。具体结论如下：随着大学创新创业教育和科技型中小企业创新发展二者协同演化成功概率 V_S、知识共享创造的收益 $\varepsilon\delta_1 K_1$ 和 $\varepsilon\delta_2 K_2$、独立演化新增成本 ΔC_1 和 ΔC_2、政府对选择协同演化策略的大学和科技型中小企业的补贴 S_1 和 S_2 的增加，系统快速演化到稳定策略{协同演化，协同演化}；随着额外收益系数 γ、大学创新创业教育和科技型中小企业创新发展各自独立演化成功概率 V_C 和 V_E、政府对选择独立演化策略的大学和科技型创新企业的补贴 S_2 和 S_4 的增加，系统缓慢演化到稳定策略{协同演化，协同演化}。

8 结论与展望

给出了本书的研究结论，提出了改进大学创新创业教育发展、促进科技型中小企业创新发展、促使两个系统协同发展的相关政策建议，为大学创新创业教育和科技型中小企业创新发展等方面政策的制定提供了参考。

8.1 研究结论

本书的研究内容主要有：① 在阐述大学创新创业教育和科技型中小企业创新发展现状的基础上，分析了两者在发展过程中遇到的问题和现实需求。② 基于访谈资料，利用扎根理论研究方法探讨了大学创新创业教育和科技型中小企业创新发展之间的影响因素。③ 利用问卷调查所得到的数据对大学创新创业教育和科技型中小企业创新发展之间的影响因素进行了定量验证，进而利用结构方程模型剖析了各影响因素之间的作用路径。④ 基于博弈理论，构建仿真模型模拟了大学创新创业教育和科技型中小企业创新发展影响因素的动态影响效应。

第一，本书采用扎根理论研究方法将大学创新创业教育与科技型中小企业创新发展的影响因素凝练为 5 个方面：人才、资本、技术信息、知识、政策。① 人才因素方面主要包括创新创业指导教师和学生创新创业素养两个要素。创新创业指导教师要素是指企业负责人到大学担任创业指导教师，或大学邀请企业负责人到校担任创业指导教师。学生创新创业素养要素是指大学培养出的毕业生是否适合科技型中小企业创新发展的需求，或科技型中小企业对大学毕业生的人才需求。② 资本因素主要包括市场和资金两个要素。市场要素是指大学培养的学生是否具备了解市场需求的水平，或科技型中小企业创新发展对市场的把握程度。资金要素是指大学生在进行创新创业时所需的来自大学或科技型中小企业的资金支持情况。③ 技术信息因素主要包括科学技术与资源共享两个要素。科学技术要素是指大学可以为科技型中小企业创新发展提供必要的技术支撑，或科技型中小企业创新发展需要大学科研团队提供技术指导。资源共享要素是指大学创新创业教育发展需要科技型中小企业等社会资源的支持从而打造大学创新创业教育品牌，或科技型中小企业创新发展需要大学的实验室、科研团队、前沿技术等资源作为指导资源。④ 知识因素主要包括专业知识和实践技能两个要素。专业知识要素是指大学对大学生进行专业知识教育以便使大学生具备企业所需的专业知识，或科技型中小企业创新发展需要大学的专业知识作为支撑。实践技能要素是指大学对大学生的培养需要到企业进行实践学习或是进行校内创新创业项目实践，或科技型中小企业创新发展需要与大学联合从而为大学创新创业教育提供实习实践基地等。⑤ 政策因素方面主要包括制度设计和机制完善两个要素。制度设计要素是指大学创新创业教育的发展离不开整体制度设计。机制完善要素是指大学创新创业教育需要营造较好的校企合作文化氛围，搭建校企合作对接机制。

第二，在大量问卷调查的基础上，本书对大学创新创业教育、科技型中小企业创新发展及其两者之间的影响因素分别进行了描述性统计分析，并分别解析了不同群体对大学创新创业教育和科技型中小企业创新发展评价之间的差异。

(1) 关于大学创新创业教育。教育投入状况（如经费、硬件设施、师资队伍等）要好于教育产出状况（如大学毕业生的创新创业意识、大学创新创业教育成果转化情况、大学毕业生创新创业能力等）。大学创新创业教育在不同群体间评价的差异性主要体现在：① 在科技型中小企业负责人、大学教师、在校大学生等 3 个群体中，科技型中小企业负责人对大学创新创业教育的评价最高，大学教师这一群体给出的评价最低。② 在科技型中小企业负责人群体中，不同工作年限的企业负责人的评价之间有显著差异。其中，工作年限在 1～3 年的企业负责人对大学创新创业教育的评价最低。③ 在大学教师群体中，不同工作年限的教师评价之间有显著差异，且工作年限越短，对大学创新创业教育的评价越高；另外，担任过创新创业指导工作的教师对大学创新创业教育成果转化这一方面的评价低于没有担任过指导工作的教师的评价。④ 在在校大学生群体中，整体上看，来自不同大学的学生的评价之间有显著性差异。不同年级大学生的评价有显著性差异：低年级学生对大学生创新创业教育的评价更高。不同专业大学生评价之间有显著性差异：艺术体育类专业学生评价最高，经管类专业学生次之，理工类和文史类评价较低。接受过专门创新创业课程教育，或者参加过创新创业训练，或者有过创新创业实践经历的大学生的评价，分别高于没有参加过相应活动的大学生的评价。

(2) 关于科技型中小企业创新发展。测量指标结果排序为:技术创新能力>统筹社会资源能力>产品或服务竞争力>内部管理能力>文化品牌塑造水平。科技型中小企业创新发展在不同群体间评价的差异性在主要体现在:① 在科技型中小企业负责人、大学教师、在校大学生等3个群体中,评价排序是:科技型中小企业负责人>在校大学生>大学教师。② 在科技型中小企业负责人群体中,不同工作年限的企业负责人的评价之间有显著差异。其中,工作年限在1~3年的企业负责人对科技型中小企业创新发展的评价最低。③ 在大学教师群体中,不同工作年限的教师评价之间有显著差异,且工作年限越短,对科技型中小企业创新发展的评价越高。④ 在在校大学生群体中,来自不同大学的大学生的评价之间有显著性差异。不同年级大学生的评价有显著性差异,低年级学生对大学生创新创业教育的评价更高。不同专业大学生评价之间有显著性差异,艺术体育类专业学生评价最高,经管类专业学生次之,理工类和文史类评价较低。接受过专门创新创业课程教育,或者参加过创新创业训练,或者有过创新创业实践经历的大学生的评价,分别高于没有参加过相应活动的大学生的评价。

(3) 关于大学创新创业教育和科技型中小企业创新发展两者间的各影响因素。① 在人才维度上,在创新创业指导教师要素方面,当前大学聘任科技型中小企业负责人作为大学生创新创业指导教师的工作开展情况一般,其认可度明显低于关于学生创新创业素养要素的认可度。在学生创新创业素养方面,评价的排序为:创新创业意识>创业经验>创新创业能力>企业家精神。② 在资本维度上,在市场要素方面,大学对大学生在市场把握水平方面的教育要好于在市场机会识别方面的教育。在资金要素方面,大学和科技型中小企业对大学生创新创业起始资金的投入情况,要优于两者对大学生创新创业项目运行资金的投入情况。大学更重视对大学生创新创业起始资金的支持,科技型中小企业更重视对大学生创新创业后续运行资金的支持。③ 在技术信息维度上,在科学技术要素方面,对大学的评价要好于对科技型中小企业的评价,具体评价排序为:大学为大学生提供创新创业训练项目情况>大学为大学生创新创业活动提供指导情况>科技型中小企业科技成果转化情况>大学科技成果转化情况>科技型中小企业为大学生创新创业活动提供指导情况>科技型中小企业向大学生提供创新创业训练项目情况。在资源共享要素方面,大学的做法也要好于科技型中小企业的评价,具体排序为:大学协助大学生进行创新创业资源整合利用情况>大学与科技型中小企业共建实习实践平台情况>科技型中小企业协助大学生进行创新创业资源整合利用情况。④ 在知识维度上,在专业知识要素方面,受访者对大学创新创业教育中的专业知识技能培养的认可度最高,其次为对传统文化教育的评价,最低的为对创新创业课程的评价。在实践技能要素方面,大学引导大学生到科技型中小企业进行实践学习的情况要优于大学鼓励大学生开展校内创业实践模拟的情况。⑤ 在政策维度上,在制度设计要素方面,各类政策的落实情况为:国家支持政策>学校支持政策>技术保护政策。在机制完善要素方面,校企对接机制和校企合作文化氛围两个方面的认可度比较接近。

第三,分析了大学创新创业教育与科技型中小企业创新发展各影响因素间的作用机理。首先,探讨了各变量间关系结构,结果发现 5 类因素与高校创新创业教育及科技型中小企业创新发展均存在显著的相关关系;其次,分析了各影响因素在高校创新创业教育与科技型中小企业创新发展中的中介效应,结果表明创业指导教师、市场、科学技术、专业知识、制度设计、机制完善等 6 个要素均能帮助大学创新创业教育直接作用于科技型中小企业创业发展;学生创新创业素养、资金、资源共享、实践技能等 4 个要素未能起到通过大学创新创业教育影响科技型中小企业创业发展的作用。最后,考虑各影响因素之间可能会相互影响,进而验证了部分因素的调节作用。研究结果发现,在创业指导教师要素的调节作用下,学生创新创业素养要素会对科技型中小企业创新发展产生影响;资金要素虽然不是高校创新创业教育和科技型中小企业创新发展的中介因素,但是其能对科学技术因素产生促进作用,帮助高校创新创业教育通过科学技术要素作用于科技型中小企业创新发展。

第四,通过演化博弈论建模的方式,动态分析了人才、资本、技术与信息、知识、政策等 5 类因素对大学创新创业教育和科技型中小企业创新发展这两个系统演化策略的作用机制和演化路径，并进行了数值模拟。研究结果发现，随着大学创新创业教育和科技型中小企业创新发展两者协同演化成功概率、知识共享创造的收益、独立演化新增成本、政府对选择协同演化策略的大学和科技型中小企业补贴的增加，两个系统快速发展到共同选择协同演化的稳定策略；随着额外收益系数、大学创新创业教育和科技型中小企业创新发展两者独立演化成功概率、政府对选择独立演化策略的高校和科技型中小企业的补贴的增加，两个系统缓慢发展到共同选择协同演化的稳定策略。

8.2 研究展望

本书的研究也有着一定的局限性。首先，在文献的梳理上，尽管关于大学创新创业教育以及科技型中小企业创新发展的作用相关研究都有很多。比如，关于大学创新创业教育的研究主要集中在以下 4 个方面：第一，教育模式的明晰以及内在的核心理念等；第二，教育体系的构建以及如何更好地运行等；第三，教育课程的开发和完善等；第四，教育成效的界定以及衡量等。关于科技型中小企业的研究主要分为 5 个方面：第一，科技型中小企业发展的影响因素研究；第二，科技型中小企业融资研究；第三，国家针对科技型中小企业的相关政策研究；第四，科技型中小企业的人才研究；第五，科技型中小企业创新能力评价研究。但是，很少有学者分析大学创新创业教育和科技型中小企业创新发展的问题。这也就意味着必须建立两者之间的关联，且没有现成的理论框架可供借鉴。这也就使得本书的建模可能会面临着一定的理论不足。因此，未来应进一步搜集更多的文献，完善理论的完整性，从而提升本书的理论水平。

其次，为了探究大学创新创业教育以及科技型中小企业创新发展的影响因素，本书采用扎根理论的方法来分析两者之间相互影响的 5 个因素。但是，在样本选择上，本书以华东地区的 4 所大学为研究对象。相比于中西部大学，由于华东地区经济水平相对较高，经商创业氛围浓厚，大学生普遍有参与创新和创业的意向。同时，由于华东地区经济发展良好，使得众多科技型中小企业林立，与中西部的情况会有所不同。这也就意味着本书的样本可能存在着一定的局限性。未来，应与更多的大学合作，搜寻更多地区、更多层次学校的访谈记录，从而进一步完善理论的饱和程度。

本书采用博弈论的方法探究了大学创新创业教育与科技型中小企业创新发展的动态影响作用。本书的研究中有3个重要的假设，即策略假设、有限理性假设、进化假设，但是，由于现实环境的复杂，这3个假设可能会成为强假设。比如，由于大学、科技型中小企业环境自身的现状，或者是国家政策的限制，使得大学、科技型中小企业难以根据现实情况做出最有利的改变，从而可能维持一个较低的收益策略。因此，在未来，应结合大学创新创业教育与科技型中小企业创新发展，以某一些特定的大学和科技型中小企业为例，运用实地实验的方式，具体在现实的市场环境中分析大学创新创业教育与科技型中小企业创新发展的动态影响作用。

8.3 政策建议

在文献梳理、面对面访谈、问卷调查和研究分析的基础上，本书就如何改进大学创新创业教育、支持科技型中小企业发展以及促进两者的协同，分别给出了政策建议。

8.3.1 关于改进大学创新创业教育方面的建议

(1) 坚持目标导向，建立大学生创新创业能力评价和跟踪机制。本书通过对大学教师、在校大学生和科技型中小企业负责人的调查，发现受访者普遍认为大学创新创业教育的投入状况要明显好于产出状况，特别是受访者在对大学创新创业教育的评价中，大学生创新创业能力得分最低。另外，在各工作年限段的科技型中小企业负责人群体中，工作年限1～3年的企业负责人对创新创业教育的评价最低。他们作为刚刚从大学毕业的群体，又担任中小企业负责人，对大学创新创业教育的评价很有参考价值。因此，本书建议大学在创新创业教育的经费、场地、师资、课程等方面增加投入的同时，应更加关注大学生创新创业意识、成果转化、能力提升等方面的内涵建设，坚持问题导向和目标导向，逐步建立大学生创新创业能力评价机制和持续跟踪机制。

(2) 针对不同学生群体因材施教，重点提升理工类专业学生和高年级学生创新创业意识。本书研究发现，低年级学生对大学创新创业教育的评价更高，艺术体育类专业的学生、经管类专业的学生对创新创业教育的评价高于理工类和文史类专业的学生。因此，大学要借助低年级学生对创新创业的热情，制定循序渐进的教育培养方案，使得这种热情能够一直保持下去，而不至于在学生进入高年级之后就消失殆尽。同时，加强对高年级学生的就业创业指导，落实国家扶持政策，逐步提升毕业生创业比例，提高学生岗位创新能力。在做好艺术体育类、经管类专业的学生创新创业教育引导的同时，应注重引导文史类学生在弘扬优秀传统文化、红色文化等领域开展创新创业，特别是要重点引导理工类学生开展创新创业。我国当前科技创新的重点领域仍然是基础学科领域和工业应用、工程应用学科领域，这是我国在国际科技和产业竞争中真正实现从追随、模仿到引领、创新的必经之路。

(3) 以年轻教师和校外导师为主体，以激励政策为保障，建设高水平的创新创业教育师资队伍。本书研究发现，工作年限较短的教师对大学创新创业教育的认同度、对科技型中小企业的认同度都比较高，这是大学开展创新创业教育的有利因素。要制定科学合理的政策，引导年轻教师参与创新创业教育，特别是在职称评聘、业绩考核等方面，适度加入指导学生创新创业成果的内容，能够提升年轻教师参与这项工作的积极性。比如，中国矿业大学在这方面做了一些探索，把教师指导学生创新创业的成果和论文发表、科研获奖等成果同等对待，作为满足职称晋升、岗位考核的可选条件之一。本书的研究结果表明，聘任科技型中小企业负责人担任创新创业导师，不仅直接在大学创新创业教育和科技型中小企业发展中发生直接影响，还能通过促进学生创新创业素养的提高而发挥间接影响。因此，校外导师也是大学创新创业教育师资力量的重要组成部分。

(4) 加强和科技型中小企业、金融服务机构的合作，促进创新创业成果的培育和转化。本书研究结果发现，大学在大学生创新创业的初始资金投入方面给予的支持较多，但是对创新创业后期资助较弱。这种前重后轻的做法，不利于创新创业成果的转化。科技型中小企业在大学生创新创业运营资金上的投入要高于对大学生创新创业初始资金上的投入。大学和科技型中小企业这种在资金投入上的互补性，更要求大学加强与科技型中小企业的合作，共同培育创新创业成果。本书的研究成果还表明，资金能够对创新创业的主要产出成果——科学技术产生影响，而大学在资金方面并不具有天然充足性，所以大学应该加强与金融服务机构的合作，促进创新创业教育成果的转化。

8.3.2 关于促进科技型中小企业创新发展的建议

(1) 科技型中小企业可以有意识招聘有创新创业相关经历的大学毕业生。本书研究结果发现，无论是接受过创新创业课程教育，或是参加过创新创业训练，还是有过创新创业经历，这些大学生群体对科技型中小企业发展前景更看好。这说明有创新创业相关经历的大学生更愿意投身科技型中小企业。如果能够有意识地招聘这类大学生进入企业，将更有利于科技型中小企业人才的稳定，也有利于人才作用的发挥，对于促进科技型中小企业的快速发展将有积极的推动作用。

(2) 科技型中小企业负责人可以积极参与大学创新创业教育。本书的研究结果发现，科技型中小企业负责人受聘担任大学创新创业指导教师，不仅可以直接促进企业的创新发展，而且还能够通过影响大学生的创新创业素养，进而促进科技型中小企业的发展。科技型中小企业负责人担任学生创新创业指导教师，直接受益的是科技型中小企业；另外，科技型中小企业负责人群体的这一行为，能够提升大学生群体的创新创业素养，让整个科技型中小企业群体受益，也可以间接让本企业受益。然而本书的研究过程也发现，科技型中小企业在参与指导学生创新创业教育活动、提供创新创业训练项目、协助学生进行创新创业资源整合等方面，都还有很大的提升空间。因此，科技型中小企业负责人要积极参与大学创新创业教育。

8.3.3 关于促使大学创新创业教育和科技型中小企业协同发展方面的建议

8.3.3.1 加大对协同发展行为和成果的奖励支持力度

随着政府对大学和科技型中小企业创新创业协同发展的补贴越高，两者更愿意选择协同发展。因此，可以通过调整奖励支持力度，有针对性地促进二者协同。一方面，可以补贴二者的协同发展行为，比如对校企合作建立的创新创业苗圃、孵化器、园区等给予专门补贴，对校企互聘创新创业人才作为兼职从事教育或研发工作的行为给予专门补贴等；另一方面，可以补贴二者的协同发展成果，比如政府奖励补贴可以向校企合作申报的科技成果进行倾斜等。

8.3.3.2 加大知识产权保护力度

大学创新创业教育和科技型中小企业创新发展两个系统，如果任一系统选择独立演化发展的额外收益提高，则会使协同行为放缓。本书研究发现，大学在创新创业教育中对技术保护政策的宣传教育尚有很大提高空间。因此，应加大知识产权保护和宣传力度，使侵犯知识产权行为所付出的代价提高，从而使大学和科技型中小企业单方通过模仿而获得的额外收益下降，这样就能够促进校企协同发展。

8.3.3.3 优化政策环境，清除协同发展障碍，提高协同发展成功系数

提高协同发展的成功概率，能够促进大学和科技型中小企业快速稳定到协同发展策略。因此，可以通过优化政策环境，建立负面清单制度，逐步减少校企协同阻力，进而促进大学与科技型中小企业的合作。比如，政府主管部门可以进一步提高大学的办学自主权，使大学与科技型中小企业在人才互聘、成果转化、载体共建等方面的合作更顺畅，真正形成教育链、人才链、创新链与产业链、价值链有机衔接的产教协同。

附 录

POSTSCRIPT

附录 1

访谈提纲

1. 创业指导教师访谈提纲

（1）您觉得目前大学创新创业教育的情况如何？请您对创新创业教育现状进行评价。您认为大学创新创业教育存在哪些问题？未来发展方向是什么？

（2）您是如何看待大学生创新创业的？您认为大学生创新创业的关键是什么？存在哪些障碍？

（3）您认为一个优秀的创业者应该具备哪些创业能力和素质？目前大学创新创业教育培养能否满足这些能力和素质的培养？如果不能满足，问题是什么？为什么不能满足？在哪些方面存在脱节？

（4）您认为大学创新创业教育与科技型中小企业创新发展有什么关系？能起到怎样的推动作用？主要体现在哪些方面？目前还存在哪些不足？

(5) 您觉得大学创新创业教育如果与科技型中小企业创新发展需求有效对接的话,应当对接什么?科技型中小企业应当为创新创业教育提供什么支持?存在的障碍是什么?

2. 科技型中小企业访谈提纲

(1) 您觉得科技型中小企业创新发展的关键是什么?目前存在哪些问题?问题产生的原因是什么?

(2) 您为什么选择创业?

(3) 您是如何看待大学生创新创业的?(分析优劣势)

(4) 您认为一个优秀的创业者应该具备哪些创业能力和素质?(因素影响:人才)追问:大学创新创业教育能否为潜在创业者提供这些能力的有效培养?如果不能满足这些能力的有效培养,问题是什么?为什么不能满足?在哪些方面存在脱节?

(5) 您认为大学创新创业教育应当怎样对接科技型中小企业创新发展?制约因素是哪些?

(6) 您觉得科技型中小企业能为大学创新创业教育提供哪些支持?提供支持的障碍是什么?

3. 在校大学生访谈提纲

(1) 请你评价目前高校开展创新创业教育的现状,存在哪些问题?

(2) 你期待学校为你提供哪些创新创业指导?

(3) 你是如何看待大学生创新创业的?你认为对于大学生来说,创新创业的关键是什么?存在哪些障碍?

(4) 你认为一个优秀的创业者应该具备哪些创业能力和素质?目前学校的创新创业教育培养能否满足这些能力和素质的培养?如果不能满足,问题是什么,在哪些方面存在脱节?

(5) 作为一个大学生,你认为大学创新创业教育应当怎样对接科技型中小企业的创新发展?在对接过程中,目前存在的制约因素是哪些?

(6) 作为一个大学生,你觉得科技型中小企业能为大学创新创业教育提供哪些支持?目前这些支持是否到位?若没到位,存在的障碍是什么?

附录 2

“大学创新创业教育与科技型中小企业创新发展影响因素及协同演化研究”调查问卷

尊敬的受访者：

您好！首先真诚地感谢您对本项目的支持！

本次调查是一项学术研究活动，旨在了解我国大学创新创业教育与科技型中小企业创新发展两者之间的关联性和相互作用情况。答案没有对与错，请选出最接近您的看法的答案并用“√”标出(其中，1～10 分，分别代表从“非常不好”到“非常好”)。您的回答对我们的研究非常重要，本书不会用于任何商业目的，请放心填写。

再次感谢您的支持，谢谢！

第 1 题　大学创新创业教育情况

(1) 据您了解，当前大学对创新创业教育经费的投入情况如何？

1　2　3　4　5　6　7　8　9　10

(2) 据您了解，当前大学创新创业教育硬件设施(如孵化器、创客空间等)建设情况如何？

1　2　3　4　5　6　7　8　9　10

(3) 据您了解，当前大学创新创业教育师资队伍建设(包括培训原有的专业课教师、建设专职的创新创业教师队伍等)情况如何？

1　2　3　4　5　6　7　8　9　10

(4) 据您了解，当前大学创新创业课程建设情况如何？

1　2　3　4　5　6　7　8　9　10

(5) 据您了解，当前大学毕业生的创新创业意识如何？

1　2　3　4　5　6　7　8　9　10

(6) 据您了解，当前大学毕业生的创新创业能力如何？

1 2 3 4 5 6 7 8 9 10

(7) 据您了解，当前大学创新创业教育的氛围(如创新创业相关的社团数量、报告讲座数量、竞赛活动开展频次等)如何？

1 2 3 4 5 6 7 8 9 10

(8) 据您了解，当前大学创新创业教育成果转化情况(如创办企业、知识产权转让、技术入股等)如何？

1 2 3 4 5 6 7 8 9 10

(9) 据您了解，当前大学统筹社会资源(如校企合作、校校合作、学校政府间合作等)开展创新创业教育的情况如何？

1 2 3 4 5 6 7 8 9 10

第 2 题　科技型中小企业创新发展情况

(1) 据您了解，当前科技型中小企业内部管理能力如何？

1 2 3 4 5 6 7 8 9 10

(2) 据您了解，当前科技型中小企业文化品牌塑造水平如何？

1 2 3 4 5 6 7 8 9 10

(3) 据您了解，与其他类型的企业相比，科技型中小企业的产品或服务的竞争力如何？

1 2 3 4 5 6 7 8 9 10

(4) 据您了解，当前科技型中小企业技术创新能力如何？

1 2 3 4 5 6 7 8 9 10

(5) 据您了解，当前科技型中小企业统筹社会资源(如与高校、科研院所等机构合作)开展科技创新的能力如何？

1 2 3 4 5 6 7 8 9 10

第 3 题

据您了解，大学聘任科技型中小企业负责人作为大学生创新创业指导教师的工作开展情况如何？

1 2 3 4 5 6 7 8 9 10

第 4 题

据您了解，大学为大学生提供创新创业机会的情况如何？

1 2 3 4 5 6 7 8 9 10

第 5 题

据您了解，大学对学生创新创业意识培养方面的工作开展情况如何？

1 2 3 4 5 6 7 8 9 10

第 6 题

据您了解，大学培养学生创新创业能力这项工作开展情况如何？

1 2 3 4 5 6 7 8 9 10

第 7 题

据您了解，大学在创新创业教育中对学生的企业家精神培养情况如何？

1 2 3 4 5 6 7 8 9 10

第 8 题

据您了解，大学在创新创业教育中对行业发展趋势的教育情况如何？

1 2 3 4 5 6 7 8 9 10

第 9 题

据您了解，大学在创新创业教育中对市场竞争环境的教育情况如何？

1 2 3 4 5 6 7 8 9 10

第 10 题

(1) 据您了解，大学对大学生创新创业进行初创资金的支持力度如何？

1 2 3 4 5 6 7 8 9 10

(2) 据您了解，科技型中小企业对大学生创新创业进行初创资金的支持力度如何？

1 2 3 4 5 6 7 8 9 10

第 11 题

(1) 据您了解，大学对大学生创新创业项目进行后续融资支持情况如何？

1 2 3 4 5 6 7 8 9 10

(2) 据您了解,科技型中小企业对大学生创新创业项目进行后续融资支持情况如何?

1 2 3 4 5 6 7 8 9 10

第 12 题

(1) 据您了解,大学向大学生提供创新创业训练项目数量情况如何?

1 2 3 4 5 6 7 8 9 10

(2) 据您了解,科技型中小企业向大学生提供创新创业训练项目数量情况如何?

1 2 3 4 5 6 7 8 9 10

第 13 题

(1) 据您了解,在专业技术提升方面,大学为大学生创新创业活动提供的指导情况如何?

1 2 3 4 5 6 7 8 9 10

(2) 据您了解,在专业技术提升方面,科技型中小企业为大学生创新创业活动提供的指导情况如何?

1 2 3 4 5 6 7 8 9 10

第 14 题

(1) 据您了解,大学在科技成果转化工作方面开展情况如何?

1 2 3 4 5 6 7 8 9 10

(2) 据您了解,科技型中小企业在科技成果转化工作方面开展情况如何?

1 2 3 4 5 6 7 8 9 10

第 15 题

(1) 据您了解,大学在协助大学生进行创新创业资源整合利用方面的工作开展情况如何?

1 2 3 4 5 6 7 8 9 10

(2) 据您了解,科技型中小企业在协助大学生进行创新创业资源整合利用方面的工作开展情况如何?

1 2 3 4 5 6 7 8 9 10

第 16 题

据您了解，大学与科技型中小企业共建实习实践平台这项工作开展情况如何？

1　2　3　4　5　6　7　8　9　10

第 17 题

据您了解，大学为学生提供专门的创新创业课程教育这项工作开展情况如何？

1　2　3　4　5　6　7　8　9　10

第 18 题

据您了解，大学为学生提供良好的专业知识教育这项工作开展情况如何？

1　2　3　4　5　6　7　8　9　10

第 19 题

据您了解，大学为学生提供诚实、忠诚等传统文化教育这项工作开展情况如何？

1　2　3　4　5　6　7　8　9　10

第 20 题

据您了解，大学积极引导学生到企业参加实习实践这项工作开展情况如何？

1　2　3　4　5　6　7　8　9　10

第 21 题

据您了解，大学鼓励学生参加校内创业的模拟实践这项工作开展情况如何？

1　2　3　4　5　6　7　8　9　10

第 22 题

据您了解，在创新创业教育中，大学对知识产权相关政策的宣传教育重视程度如何？

1　2　3　4　5　6　7　8　9　10

第 23 题

据您了解，在鼓励大学生创新创业方面，大学自身的政策制定情况如何？

1 2 3 4 5 6 7 8 9 10

第 24 题

(1) 据您了解，大学对国家有关大学生创新创业教育政策的落实情况如何？

1 2 3 4 5 6 7 8 9 10

(2) 据您了解，科技型中小企业对国家有关大学生创新创业教育政策的落实情况如何？

1 2 3 4 5 6 7 8 9 10

第 25 题

据您了解，目前校企合作对接机制的情况如何？

1 2 3 4 5 6 7 8 9 10

第 26 题

据您了解，目前校企合作文化氛围的情况如何？

1 2 3 4 5 6 7 8 9 10

第 27 题　您的职业

A. 科技型中小企业负责人

B. 大学教师

C. 在校大学生

第 28 题　您所在的企业类别

A. 电子信息技术类

B. 生物与新医药技术类

C. 新能源及节能技术类

D. 新材料技术类

E. 资源与环境技术类

F. 航空航天技术类

G. 高新技术服务类

H. 高新技术改造传统产业类

I. 其他

第 29 题　您的工作年限

A. 1～3 年

B. 4～6 年

C. 7～9 年

D. 10 年及以上

第 30 题　您的岗位类别

A. 企业主要负责人

B. 研发(技术)负责人

C. 营销负责人

D. 行政管理负责人

E. 生产(制造)负责人

F. 财务负责人

G. 其他

第 31 题　您所在的高校

A. 徐州工程学院

B. 东南大学

C. 中国矿业大学

第 32 题　工作年限

A. 1～3 年

B. 4～6 年

C. 7～9 年

D. 10 年及以上

第 33 题　您是否参与过大学生创新创业教育相关工作

A. 是

B. 否

第 34 题　您是否担任过大学生创新创业教育指导教师

A. 是

B. 否

第 35 题　您是否指导过大学生创新创业项目

A. 是

B. 否

第 36 题　您所在的高校

A. 徐州工程学院

B. 东南大学

C. 中国矿业大学

第 37 题　您所在的年级

A. 大学一年级

B. 大学二年级

C. 大学三年级

D. 大学四年级

E. 研究生

第 38 题　所学专业类别

A. 理工类

B. 文史类

C. 经管类

D. 艺术体育类

E. 其他

第 39 题　您是否接受过专门的创新创业课程教育

A. 是

B. 否

第 40 题　您是否参加过创新创业训练项目

A. 是

B. 否

第 41 题　您是否有过创新创业实践经历

A. 是

B. 否

参考文献

REFERENCES

[1] 曹扬.转变经济发展方式背景下大学创新创业教育问题研究:以吉林省为例[D].长春:东北师范大学,2014 .

[2] 中共中央关于制定国民经济和社会发展第十二个五年规划的建议[J].求是,2010(21):3-16.

[3] 林文伟.大学创业教育价值研究[D].上海:华东师范大学,2011.

[4] 张学亮."双创"视阈下大学生就业教育研究[D].重庆:西南大学,2017.

[5] 袁盎.高校创业教育模式研究[D].上海:上海师范大学,2012.

[6] 薛慧.关于大学创新创业教育体系构建的思考[J].江苏高教,2014(3):65-66.

[7] 成希,张放平.基于核心素养理念的高校创新创业教育课程建设[J].大学教育科学,2017(3):36-42,50.

[8] 李旭辉,胡笑梅,汪鑫.高校创新创业教育效果评价体系研究:基于群组G1法的分析[J].教育发展研究,2016,36(21):29-36.

[9] 唐雯,陈爱祖,饶倩.以科技金融创新破解科技型中小企业融资困境[J].科技管理研究,2011,31(7):1-5.

[10] 粟进.科技型中小企业技术创新驱动因素的探索性研究[D].天津:南开大学,2014.

[11] 张雪平,吴应宇.波特战略管理思想的演进及启示[J].江苏社会科

学,2014(2):59-65.

[12] 霍国庆,刘丽红,杜智涛,等.科技型中小企业成长研究现状综述[J].科技进步与对策,2011,28(22):155-160.

[13] 闫磊,姜安印,冯治库.科技型中小企业投资价值的生命周期特征及融资匹配分析[J].当代经济科学,2016,38(3):114-123,128.

[14] 岳宇君,胡汉辉.科技型中小企业支持政策传导机制及博弈分析[J].科学学与科学技术管理,2017,38(4):105-116.

[15] 于珊.基于心理契约的创新型中小企业知识员工激励策略研究[D].长沙:中南大学,2008.

[16] 郭秀强,孙延明.广东珠三角地区创新政策分析:基于科技型中小企业技术创新视角[J].科技管理研究,2019,39(11):55-62.

[17] 曾骊,张中秋,刘燕楠.高校创新创业教育服务"双创"战略需要协同发展[J].教育研究,2017,38(1):70-76,105.

[18] 王占仁."广谱式"创新创业教育的体系架构与理论价值[J].教育研究,2015(5):56-63.

[19] 王万山,汤明.国内外大学创新创业教育模式比较研究[J].九江学院学报(社会科学版),2012,31(2):115-116.

[20] 高志刚,战燕,王刚.论高校创新创业教育课程教学体系构建[J].黑龙江高教研究,2016(3):93-95.

[21] 李忠双.美国高校创业教育发展动力机制研究[D].长春:东北师范大学,2015.

[22] 徐宏伟.协同技术创新:高等职业教育与企业的创新发展研究[J].教育与职业,2018(3):5-11.

[23] BUSENITZ L W, WEST G P, SHEPHERD D, et al. Entrepreneurship research in emergence: past trends and future directions[J]. Journal of management,2003,29(3):285-308.

[24] DAVIDSSON P, LOW M B, WRIGHT M. Editor's introduction: low and macmillan: Ten years on: achievements and future directions for entrepreneurship research [J]. Entrepreneurship theory and practice,2001,25(4):5-15.

[25] COOPER A C,BRUNO A V. Success among high technology firms [J]. Business horizons1997,20(2)16-22.

[26] GIBB A. In pursuit of a new 'enterprise' and 'entrepreneurship' paradigm for learning:creative destruction,new values,new ways of doing things and new combinations of knowledge[J]. International journal of management reviews,2002,4(3):233-269.

[27] NABI G, HOLDEN R. Graduate entrepreneurship: intentions, education and training [J]. Education + training, 2008, 50 (7): 545-551.

[28] OOSTERBEEK H,PRAAG M V,IJSSELSTEIN A. The impact of entrepreneurship education on entrepreneurship skills and motivation[J]. European economic review,2010,54(3):442-454.

[29] FAYOLLE A, GAILLY B. The impact of entrepreneurship education on entrepreneurial attitudes and intention:hysteresis and persistence[J]. Journal of small business management,2015,53(1): 75-93.

[30] NABI G,WALMSLEY A,LIÑÁN F,et al. Does entrepreneurship education in the first year of higher education develop entrepreneurial intentions? The role of learning and inspiration[J]. Studies in higher education,2018,43(3):452-467.

[31] 黄兆信,刘燕楠. 众创时代高校如何革新创业教育[J]. 教育发展研究,2015(23):41-46.

[32] 张宇飞. 新时期大学生创业的困境及对策研究[D]. 太原:山西财经大学,2017.

[33] 杨柳青,李蔚然. 高校创新创业人才培养现状调查分析[J]. 学校党建与思想教育,2017(16):80-82.

[34] 巩丽霞. 应用型高校本科教育改革的思考:基于创新创业教育与专业教育相结合的探讨[J]. 国家教育行政学院学报,2011(9):43-46,12.

[35] 王长恒. 企业视角下的高校创新创业教育发展性研究[J]. 中国职业

技术教育,2013(6):38-41.
[36] 程刚.大数据环境下科技型中小企业创新发展的知识服务体系研究[J].情报理论与实践,2016,39(3):42-46.
[37] 何婉茹.中小型科技企业成长机制评价研究[D].苏州:苏州大学,2014.
[38] 乔朋华,鞠晓峰.CEO权力对科技型中小企业技术创新效率的影响研究[J].科技管理研究,2015,35(3):94-96,111.
[39] 吴翠花,万威武,祁敬宇,等.科技型中小企业技术创新效率评价指标研究[J].生产力研究,2005(2):198-200.
[40] 王以梁.我国大学生科技创业支撑环境研究[D].沈阳:东北大学,2014.
[41] 唐根丽,王艳波.大学生创新创业能力培育路径研究[J].四川理工学院学报(社会科学版),2011,26(3):76-79.
[42] 宁德鹏.创业教育对创业行为的影响机理研究:基于百所高校的实证考察[D].长春:吉林大学,2017.
[43] 陈向明.质的研究方法与社会科学研究[M].北京:教育科学出版社,2000.
[44] 刘帅.基于扎根理论的共享出行企业商业模式创新研究[D].北京:北京邮电大学,2019.
[45] 吴国滨.基于扎根理论的建设项目群内部冲突管理机制研究[D].济南:山东大学,2018.
[46] 科宾,施特劳斯.质性研究的基础:形成扎根理论的程序与方法[M].朱光明,译.重庆:重庆大学出版社,2015.
[47] 文军,蒋逸民.质性研究概论[M].北京:北京大学出版社,2010.
[48] 张帅.基于扎根理论的山西省基层采价员绩效考核研究[D].太原:太原理工大学,2018.
[49] 任敬周.制度创业、互动仪式与认同危机:基于扎根理论的编外雷锋团研究[D].郑州:河南工业大学,2018.